新版 いちばんよくわかる
タティングレースの基本BOOK

杉本ちこ 著

はじめに

　タティングレースは、小さな結び目を繰り返して作るレースのひとつ。その詳しい歴史はいまだ紐解かれていませんが、中世ヨーロッパの貴婦人たちの間で大変な人気だったと伝わっています。

　タティングレースは、糸とシャトルだけでできる手軽な手芸ですが、"はじめの一歩"でつまずいてしまう方も多いようです。私の教室にも、「独学ではどうしてもできなかった」という生徒さんがたくさんいらっしゃいます。

　でも、最初のひと目を作るのが難しい反面、一度コツさえつかんでしまえば、あとはスイスイ先に進めるようになります。はじめて自転車に乗れたときの、あの感覚を思い出してみてください。どうしてそれまで乗れなかったのか、不思議に感じませんでしたか？　タティングレースもそれと同じで、一度や二度、失敗するのは当たり前。何度かチャレンジするうちに、「あ、できた！」という瞬間がかならずきます。そして、ひと目できたらまたひと目と、手が止まらなくなることでしょう。

教室ではじめてシャトルを持った生徒さんが最初のひと目を作れたとき、ぱあっと花がさいたような笑顔になります。この笑顔を見るたびに、「タティングレースの指導を続けてきてよかった！」と思うのです。

　この本には、はじめての人にもコツがつかみやすいように、詳細なプロセス写真、教室で伝えているポイントをたくさん盛り込みました。タティングレースに興味を持ったすべての皆さんが、教室の生徒さんと同じように、笑顔になれますように――そんな願いを込めました。
　この本を手にとってくださった皆さんが、「タティングレース、大好き！」になることを、心から願っています。

愛を込めて
杉本ちこ

もくじ

はじめに …………………………………… p.2
本書の使い方 ……………………………… p.8
使う道具のこと …………………………… p.10
基本のタティングレース用語 …………… p.12

タティングレースの基本

① シャトルに糸を巻く ………… p.14
② 基本の持ち方 ………………… p.18
③ 基本のリングを作る ………… p.20
④ レシピの読み方 ……………… p.42
⑤ 糸の替え方 …………………… p.58
⑥ 糸始末の方法 ………………… p.80
⑦ 形の整え方 …………………… p.82
⑧ アクセサリー金具の付け方 … p.83

Tatting Lace Step 1
ランダムリングの
アクセサリーを作りましょう ……… p.29

ランダムリングのアクセサリーの作り方
(ランダムリングのミサンガ／ランダムリングのピアス／ランダムリングの三連ネックレス)

・ランダムリングを作ります

Tatting Lace Step 2
蝶々のモチーフを作りましょう… p.39

蝶々のモチーフの作り方
- ピコットを作りましょう
- 間隔をあけずにリングを作りましょう
- ピコットつなぎをしましょう
- タティング結びで仕上げます

Tatting Lace Step 3
シャトルつなぎのふさふさ
ブレードを作りましょう………… p.51

ふさふさブレードのアクセサリーの作り方
（ふさふさブレードのピアス／ふさふさブレードの
ネックレス）
- リバースしてシャトルつなぎをしましょう

Tatting Lace Step 4
フラワーモチーフを
作りましょう ………………… p.61

フラワーモチーフ(花びら4枚)の作り方
・2回折るピコットつなぎをしましょう

Tatting Lace Step 5
モチーフつなぎの
小物を作りましょう ……………… p.67

モチーフつなぎの小物の作り方
(花びら4枚のフラワーモチーフで作るラリエット／花びら4枚のフラワーモチーフで作るコースター／花びら5枚のフラワーモチーフで作る付け襟)

・モチーフつなぎをしましょう

🍃 *Tatting Lace Challenge!*

レシピを見ながら大作にチャレンジしましょう …… p.85

（花びら5枚のフラワーモチーフで作るリングケース／花びら4枚のフラワーモチーフで作るコースター入れ／花びら5枚のフラワーモチーフと蝶々のハート）

トラブル対処法

- リングを作っている途中で糸が足りなくなった！ …… p.102
- リングの大きさがそろいません！ …… p.105
- 作った目をほどきたい！ …… p.106
- 絞ったリングを広げたい！ …… p.107
- シャトルつなぎをほどきたい！ …… p.109
- モチーフをつなぎ忘れた！ …… p.110

本書の使い方

本書は、Step 1 → Step 2 → Step 3……と順を追って進むことで、初心者でもスムーズに基礎テクニックを習得できるように構成しています。タティングレースがはじめての人は、以下の流れで進めるのがおすすめです。

基礎テクニックが身につくステップ

タティングレースの基本　道具のことや作り方の基礎を理解する

まずは糸の巻き方や、道具の正しい持ち方を覚え、タティングレースの基本となる「リング」を作ってみます。(p.10〜)

「リング」だけでアクセサリーを作る

目数は気にせず、「リング」をたくさん作るだけで、かわいいアクセサリーが作れます。(p.29〜)

「ピコット」と「ピコットつなぎ」を覚える

「ピコット」という飾りの作り方と、リングとリングをつなぐ「ピコットつなぎ」の方法を覚えます。蝶々のモチーフを例に、目の数え方、レシピの読み方もここでマスター。(p.39〜)

「シャトルつなぎ」と「リバース」にも挑戦

ピコットにシャトルの糸をつなげる「シャトルつなぎ」と、作っている途中で作品を裏返す「リバース」。この2つのテクニックを組み合わせた作品を作りましょう。(p.51〜)

「2回折るピコットつなぎ」をマスター

フラワーモチーフなどの、最初と最後のリングをつなげるときに必要な「2回折るピコットつなぎ」のテクニックを身につけましょう。(p.64〜)

モチーフをつないでみましょう

モチーフをつないでいくだけで、付け襟やラリエットが作れます。このテクニックで立体の作品を作ることもできます。(p.67〜)

Challenge! チャレンジ

習得したテクニックで大作にチャレンジ！

基本のテクニックだけで作れる作品のレシピを紹介します。時間はかかりますが、完成したときの達成感はひとしお。色合わせも楽しんで！
(p.85〜)

【注意事項など】

※本書はリング(p.20)を基本とした作品作りを目的に、初心者向けに作られています。

※プロセス写真に使っている糸は、すべて同色を使っています(オリムパス エミーグランデ〈ハーブス〉171、273)。作品に使われている糸についてはそれぞれの作り方ページをご参照ください。

※すべての作品は指定糸1玉で作れます。作品に使用したオリムパス エミーグランデは50gを使用しています。

※出来上がりサイズは目安です。アクセサリー、金具などのサイズは含まれません。

※すべての作品に関わる「糸の替え方(p.58)」や「糸始末の方法(p.80)」、「トラブル対処法(p.102)」のページもあるので、ぜひ活用してください。

※杉本ちこが主宰するタティングレース教室RichetCochet(リシェコシェ)では、左利きの人にも、右手でシャトルを持つように指導しており、本書もそれに準じています。

※図案・レシピの表現、テクニックの呼び方などは、RichetCochetのレッスンで使用している表現に準じています。

使う道具のこと

基本的にタティングレースは、レース糸とシャトルさえあればできます。仕上げに手芸用品を使うと、型崩れしたり、ほつれたりせずに、作品をきれいな状態に保つことができます。

必要な道具

レース糸

さまざまな太さの糸がありますが、初心者には太めがおすすめです。本書では、オリムパス エミーグランデシリーズを使用しています。はじめのうちは黒や紺など、作った目が見えにくいものは避けましょう。

左／オリムパス エミーグランデ〈ハーブス〉273
右／オリムパス エミーグランデ〈ハーブス〉171
各500円（20ｇ）
オリムパス製絲

パッケージには品番、色番、ロットが表記されています。糸を買い足すときなどに必要なので保管しておきましょう。

シャトル

この「シャトル」で糸に結び目を作っていきます。本書では「ツノ」付きのシャトルを使用します。

タティングシャトル〈フローラ〉
5色セット1,300円
クロバー

ほつれ止め・手芸用ボンド

仕上げに作った結び目の補強や、糸端の処理に使用。アイロン・洗濯可能なタイプを選びましょう。

左／糸始末リキッド〈タティングレース用〉。アイロン・手洗い可。
500円（15ml）
右／布補修ボンド〈シリコンヘッド〉。水洗い・ドライクリーニング可。アイロン接着可。
750円（40g）
ともにクロバー

作品によって用意したいもの

とじ針

太めのレース糸の糸始末には、ニット用のとじ針が最適。糸を割らないタイプを選びましょう。
とじ針 No.15〜20
400円（6本セット）
クロバー

はさみ

小さなモチーフの糸始末がしやすい、小型の糸切りばさみが適しています。

まち針

まち針で固定してスチームを当てると、作品の形がきれいに整います。針先が丸いタイプを。
あみもの用仕上針 950円
（長さ54mm、100本入）
クロバー

ペンチ

ネックレスやピアスにする際の、丸カンの開閉に使います。先が細い平型ペンチを選びましょう。丸カンの開閉には2つ必要です。

フラットペンチ〈ストッパー付〉
ステンレス製、長さ135mm 2,800円
クロバー

アクセサリーパーツ

丸カン、ネックレス金具（ダルマカン、引き輪）、ピアスやイヤリング金具など、アクセサリーに仕上げる際に使います。

スチームアイロン

仕上げにアイロンでスチームを当てると、作品の形が整います。

※価格はすべて税抜きです。

基本のタティングレース用語

この本で繰り返し出てくる用語を解説します。
実際に手を動かしているうちに、自然と頭に入ってくるので、
難しく考えないで大丈夫。

シャトルのツノ

シャトルの先端の、反り返った部分を「ツノ」と呼びます。

テンションの糸

左手の人さし指と中指の間にかかった糸を「テンションの糸」と呼びます（糸のかけ方 p.18）。テンションの糸の上下にシャトルを行き来させることで結び目を作っていきます。

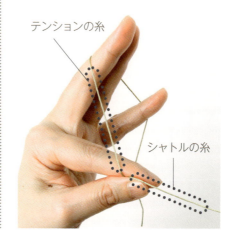

シャトルの糸

シャトルと左手の間に渡る糸を「シャトルの糸」と呼びます。

ダブルステッチ（DS）

タティングレースは「ダブルステッチ」と呼ばれる結び目で構成されています。ダブルステッチは、表目と裏目で1セット。表目＋裏目＝ダブルステッチ1目です。

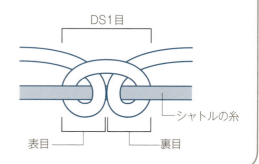

リング

ダブルステッチを連続して作り、シャトルの糸を引くと輪になります。この「リング」をつなげていくことで、さまざまなモチーフを作れます。

目数

ダブルステッチ（表目＋裏目）を1目と数えます。表目と裏目は、それぞれ半目の扱いです。ピコットは目ではありません。

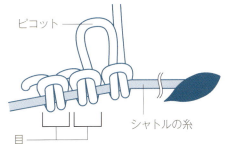

ピコット

リングの上にできる糸のループが「ピコット」。飾りになるだけでなく、リング同士をつなぐジョイントの役割も果たします。ダブルステッチの目と目の間をあけるだけで作れます（p.44）。

リングの表と裏

リングには表と裏があります。ピコットの根元に、ダブルステッチがきれいに並んでいる面が表です。

表　　　裏

タティングレースの基本

①シャトルに糸を巻く

シャトルは糸を巻いて使います。
本書では、後の作業が楽になる巻き方を紹介します。

❶糸玉の外側にある糸端を引き出し、糸先がボソボソしていたらはさみでカットします。

❷シャトルを左、糸玉を右に置きます。このとき、シャトルのツノは上向きです。

❸シャトルのツノが左上にくるように持ち、中心の穴に糸を通します。

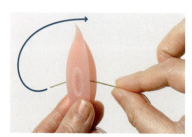

❹糸が通ったら糸の先端を持ち、矢印の方向に持っていきます。

❺糸をシャトルの内側に入れ、手前に引き出します。

❻上下の糸が平行になるように、シャトルを左、糸玉を右に置きます。

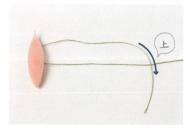

❼糸端を矢印の方向に持っていきます。

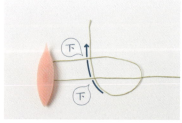

❽糸端を、平行になっている2本の糸の下を通して左上に持っていき、輪を作ります。

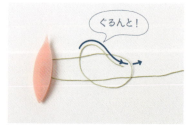

❾糸端をぐるんと回して、糸の輪にくぐらせます。

⑩ 上下の糸が平行のまま、ゆるく結ばれている状態になります。

> **Point !**
> ## 上・下・下・ぐるんと!
>
> これは、シャトルに通した糸を結ぶときの合言葉です。この方法で結ぶと、糸替えのときなどに糸を切らずに、楽にほどくことができます。

⑪ 右手人さし指で糸端とその下の糸をしっかり押さえ、シャトルをまっすぐ左に引っ張ります。

⑫ 輪が段々と小さくなり、結び目ができます。

⑬ 右手で押さえていた糸端だけを離し、下の糸だけ押さえます。

⑭ シャトルをさらに左に引くと、結び目が左に移動します。

⑮ シャトルの中心まで結び目が移動したら、左手でシャトルを持ちます。

⑯ 右手で糸を手前から向こう側に巻いていきます。糸端も一緒にシャトルに巻きこんでしまいましょう。

⓱ 5〜10回巻くと、糸が片側に寄ってきます。

⓲ シャトルを裏返します。

⓳ 続けて糸を巻いていきます。

⓴ 5〜10回巻くごとにシャトルを裏返して、⓱〜⓴を繰り返します。

㉑ シャトルの幅いっぱいまで糸を巻きます。

㉒ シャトルの脇から糸がギリギリ見えないくらいで巻き終えればOKです。

Point！
糸を巻く方向に注意しましょう！

シャトルのツノがある面を正面に見たとき、糸が反時計回りになるように巻いていきます。巻き終わりの糸端は、シャトルのツノを上にしたとき、右側から出ているようにします。

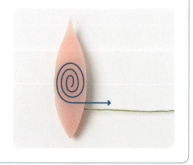

タティングレースの基本

❷❸ 糸は30cmくらい残してカットしましょう。

Point! 巻きすぎに注意！

✗ シャトルの両側から糸がはみ出るまで巻くと、糸が汚れやすくなり、シャトルがこわれる原因にもなります。

Column 糸玉はコロコロ転がしながら巻く！

　レース糸は一方向にヨリをかけて（ねじり合わせて）作られているものがほとんど。転がしながら巻かないと、ますますヨリが強くなってしまいます。そうなると、糸がねじれ、作業がしづらくなります。

　そこで、シャトルに糸を巻くときにひと工夫。糸玉をカップやカフェオレボウルなど、丸のある器に入れると転がりやすくなります。糸のねじれも解消され、作業がしやすくなります。

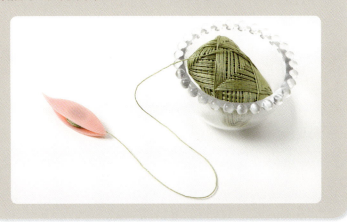

②基本の持ち方

糸を巻き終わったら、シャトルと糸の持ち方（基本ポジション）を覚えましょう。
はじめからこの持ち方に慣れておくことが大切です。

右手のシャトルの持ち方

❶シャトルのツノのある面を上にして、シャトルの右側から糸端が出ているようにします。

❷右手の親指と人さし指でシャトルを持ちます。シャトルのツノと人さし指は同じ方向を向くようにします。

❸真横から見たとき、シャトルの中心よりもやや右を持つようにします。

> **Point!**
> ### シャトルは正しい持ち方で!
>
> シャトルは正しい持ち方をしないと、作業がスムーズに進みません。先端寄りを持ったり、指先とシャトルのツノがバラバラの方向を向くように持ったりするのはやめましょう。
>
>

左手の糸のかけ方

❶糸端から10～15cmを、左手の親指と人さし指でつまみます。

❷両手の間が30cmくらいになるように糸を出し、右手で正しくシャトルを持ちます。

糸はつねに、右手に持ったシャトルの向こう側から出ているようにします。

タティングレースの基本

❸ シャトルを矢印の方向に動かし、左手の中指に糸を添えます。

❹ さらに中指から小指まで、第一関節と第二関節の間に糸をかけます。

❺ そのままぐるりと一周させ、輪を作ります。

❻ 一周した糸を、左手の親指と人さし指でつまみます。

❼ 左手に糸の輪ができました。小指を少し下げ、輪をおむすび型（丸みのある三角形）にします。

❽ これがシャトルと糸の正しい持ち方、基本のポジションです。

Point!
左手の正しい形をキープしましょう

左手の小指をピンと立てないように注意！
中指だけを立てるのも、マナーの観点からおすすめできません。また、上級に進むと、中指だけを立てた手の形では習得しにくいテクニックが出てきます。
今のうちから、中指と薬指をそろえて糸の輪を作る、基本の持ち方を習慣づけましょう。

左利きの人も、シャトルは右手で！

タティングレースは、左手をうまくコントロールできるようになると、格段に上達します。シャトルを持つ右手の動きはあまり複雑ではないので、左利きの人も右手でシャトルを持つようにしましょう。

③基本のリングを作る

ダブルステッチで作るリングはタティングレースの基本。
ここでは正しい手の形と動かし方、ダブルステッチ（表目＋裏目）の作り方をマスターしましょう。

> まず表目を作りましょう

❶ 基本のポジションで持ちます（p.19 ⑧）。シャトルの糸は、つねにシャトルの向こう側から出ています。

❷ 左手の糸の輪は、つねにおむすび型（丸みのある三角形）にしておきます。

「テンションの糸」の上下にシャトルを行き来させることで、結び目を作っていきます。

❸ 右手の手のひらを手前に向け、中指・薬指・小指を糸の上に軽くかぶせます。

❹ のれんをくぐるように右手の指を返します。

❺ 右手の中指・薬指・小指を立てます。

❻ シャトルの上面を、テンションの糸の下に当てます。

❼ シャトルと右手の人さし指の間をテンションの糸が滑り抜けるように、シャトルを通過させます。

❽ このとき、人さし指はシャトルから離しません。

タティングレースの基本

❾ シャトルがテンションの糸の下を完全に通り抜けました。

❿ 今度はシャトルと右手の親指の間をテンションの糸が滑り抜けるように、バックで通過させます。

⓫ このとき、親指はシャトルから離しません。

> **Point！**
>
> ## 糸の上下を行き来するときも指とシャトルは離さない！
>
> テンションの糸の上下を行き来するとき、右手の人さし指も親指もシャトルから離さないで！
>
> シャトルを持ったままでも、糸はちゃんとシャトルと指の間を滑り抜けます。

⓬ 右手の3本の指を寝かせ、かかっていた糸を外します。

⓭ シャトルを引いていくと、ピンと張ったテンションの糸をシャトルの糸がくるみ、「D」の形になります。

⓮ シャトルの糸は張ったまま、左手の中指・薬指を少し下げ、テンションの糸をゆるめると、「逆くの字」になります。

> テンションの糸をゆるめたまま、シャトルの糸に右手の中指・薬指・小指を添えて引きます。

⑮ ⑭はテンションの糸にシャトルの糸が巻きついている状態です。

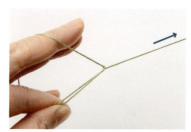

⑯ テンションの糸をゆるめながら、さらにシャトルを引きます。

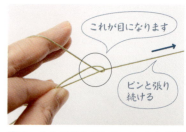

これが目になります

ピンと張り続ける

⑰ シャトルの糸にテンションの糸が巻きついている状態に変わります。これを「テンションの移行」と呼びます。

⑱ シャトルの糸をピンと張ったまま、下げていた左手の中指・薬指を起こすと、できた目が小さくなります。

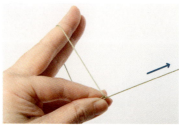

⑲ 糸をつまんでいる親指・人さし指のきわまで目を移動させます。

Point!

最初の難関 「テンションの移行」

「テンションの移行」で重要なのは、テンションの糸をゆるめるタイミングと、シャトルの糸をピンと張り続けること。何度か練習するうちに手が感覚を覚えます。

⑳ できた目を押さえます。目を作ったら指で押さえる、を習慣づけましょう。

表目ができました。シャトルの糸を芯に、テンションの糸が巻きついています。

⑭〜⑳まではピンと張り続けて。

タティングレースの基本

> 次に裏目を作ります

❶ 表目を押さえたまま、基本のポジションからスタート。シャトルをテンションの糸の方向に進ませます。

❷ シャトルをテンションの糸の上にのせます（表目のように右手に糸をかける必要はありません）。

❸ テンションの糸がシャトルと親指の間を滑り抜けるように、シャトルを矢印の方向に動かします。

❹ シャトルが完全に糸の上を通過しました。

❺ 今度はシャトルの上面と右手の人さし指の間をテンションの糸が滑り抜けるように、バックさせます。

❻ 人さし指はシャトルから離さずに、そのまま通過させます。

❼ 左手の糸の輪をシャトルが完全に通り抜けました。

❽ ピンと張ったテンションの糸をシャトルの糸がくるみ、「D」の形になります。

❾ シャトルの糸をさらに引きながら、テンションの糸をゆるめ、「逆くの字」にします。

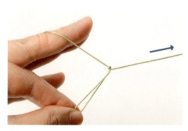

ピンと張り続ける

❿ テンションの糸にシャトルの糸が巻きついている状態から、テンションを移行させ……

⓫ シャトルの糸に、テンションの糸が巻きついている状態にします。

Point！
両手で綱引きしない！

テンションを移行させるとき、両手で綱引きをするようにテンションの糸とシャトルの糸を引っ張り合うのは NG。左手はテンションの糸をゆるめたまま、シャトルを持つ右手を引くことで、シャトルの糸をピンと張りましょう。

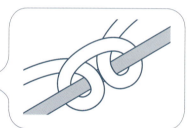

⓬ シャトルの糸をピンと張ったまま、できた目をさらに左に寄せていきます。

⓭ 表目に裏目をピタリと寄せます。ダブルステッチが1目できました。

タティングレースの基本

Point!
ダブルステッチが、正しくできているかチェック！

ダブルステッチが正しくできているかどうかは、シャトルの糸を引けばわかります。

【確認する方法】
①作った目を押さえて、シャトルの糸を少し引いてみましょう（写真上）。
②左手の糸の輪が小さくなれば正しく目が作れています（写真下）。目が結ばってしまい、それ以上シャトルの糸を引っ張ることができない場合は失敗です。

目を押さえたまま左手の親指の下から小指方向に引くと、小さくなった輪は広がります（p.27）。
1目作るたびにチェックして、失敗していたらほどきましょう（p.106）。

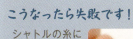
小さくなった

表目 成功！ テンションの糸
テンションの糸がシャトルの糸に巻きついている

表目 失敗！ テンションの糸
シャトルの糸がテンションの糸に巻きついてしまっている

裏目 失敗！ テンションの糸
裏目でシャトルの糸がテンションの糸に巻きつき、かた結びのようになってしまっている

こうなったら失敗です！

シャトルの糸にテンションの糸が巻きついてしまったまま（4目め）、目を作り続けています。

> 続けてリングを作ります

❶ ダブルステッチ（表目＋裏目）を繰り返します。写真では5目できています。

❷ 8〜15目作ります。

❸ 好きな目数を作ったら、最後の目をしっかりと押さえます。

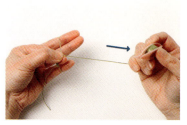

❹ シャトルを持ったまま、右手の中指・薬指・小指をシャトルの糸に添え、右に引きます。

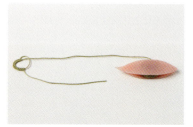

❺ 左手の糸の輪が小さくなったら指から外し、リングがねじれていないかチェックします。

❻ 改めて最後の目を左手の親指と人さし指でしっかり押さえて、シャトルの糸を右下方向に引きます。

❼ 最初の目と最後の目がくっつくまで絞ります。

> 最初と最後の目の間に隙間がないか確認しましょう。また、絞りすぎて目が詰まりすぎていないかもチェック。

❽ 基本のリングが完成しました。

タティングレースの基本

> **Point !**
>
> ## 左手の輪が小さくなったら広げましょう
>
> 目を作っていくうちに、左手の糸の輪が小さくなってくるので、随時広げるようにしましょう。
>
> 【広げ方】
> ①最初の目（リングの1目め）を左手の親指と人さし指で押さえます（写真上）。
> ②左手の親指の下から小指方向に引くと、小さくなった輪が大きくなります（写真下）。
> ※テンションの糸と糸端は引っ張ってはいけません。
>
>
>
>
> ## 引っ張ってもいい糸とダメな糸
>
> 引っ張ってもいい糸
> ・シャトルの糸
> ・左手の糸の輪の、親指と小指の間
>
> 引っ張ってはいけない糸
> ・糸端
> ・左手の糸の輪の、人さし指から中指までの間（テンションの糸）
>
>

Column ダブルステッチは頭でっかち

ダブルステッチは、円周率を表すギリシャ文字「π（パイ）」のような形をしています。頭の幅が足2本分の幅よりも広いので、シャトルの糸を引くと弧を描き、リングになるのです。ひと目ひと目が正方形（頭の幅と足の長さがほぼ同じ）になるのが理想です。

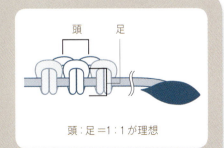

頭：足＝1：1が理想

Tatting Lace Step 1

ランダムリングの
アクセサリーを作りましょう

ダブルステッチのリングをマスターしたら
リングをたくさん作ってアクセサリーにしてみましょう。
目数を気にせず作れるランダムリングは、
手の動かし方の練習になるだけでなく
かわいいミサンガやネックレスなどに変身します！

Tatting Lace Step 1
ランダムリングのアクセサリーを作りましょう

オリムパス エミーグランデ〈カラーズ〉青222、ピンク155
オリムパス エミーグランデ〈ハーブス〉黄582

ランダムリングのミサンガ
作り方 ➡ p.34

ピアス/オリムパス エミーグランデ〈カラーズ〉188
ネックレス/オリムパス エミーグランデ〈カラーズ〉
赤188、白804、青355

ランダムリングのピアスと三連ネックレス
作り方 ➡ p.34〜

Tatting Lace Step 1
ランダムリングのアクセサリーを作りましょう

ランダムリングのアクセサリーの作り方

ランダムリングのミサンガ

材料 レース糸（オリムパス エミーグランデ〈カラーズ〉222）
用具 シャトル、はさみ
出来上がり目安サイズ 長さ約23cm（2重に巻く場合）

作り方
1. 糸端を約15cm残して作りはじめます。
2. 8〜15目のリングをランダムに作ります（p.36 ❶〜❹）。
3. p.30のように2重にするミサンガの場合は23cmを目安にランダムリングを作ります。1重にしたい場合、3重にしたい場合は、手首の太さや好みに合わせて長さを変えましょう。
4. 好みの長さまで作ったら、シャトルの糸を約15cm残してカットします。

※糸始末の必要はありません。糸端同士を手首に結んで付けて楽しんでください。

ランダムリングのピアス

材料 レース糸（オリムパス エミーグランデ〈カラーズ〉188）、フープ形になっているピアスまたはイヤリング金具 1セット
用具 シャトル、はさみ、とじ針、ほつれ止め
出来上がり目安サイズ 長さ約8cm

作り方
1. 糸端を約15cm残して作りはじめます。
2. 8〜15目のリングをランダムに作ります（p.36 ❶〜❹）。
3. 8cmを目安に好みの長さまで作ったら、シャトルの糸を約15cm残してカットします。
4. とじ針で糸始末をします（p.36 ❺〜❿）。
5. 好きなリングにフープ形のピアスやイヤリング金具を付けます。

Tatting Lace Step 1
ランダムリングのアクセサリーを作りましょう

ランダムリングの三連ネックレス

材料 レース糸（オリムパス エミーグランデ〈カラーズ〉赤188、白804、青355）、丸カン2個、ダルマカン、引き輪

用具 シャトル、はさみ、とじ針、ほつれ止め、ペンチ2本

出来上がり目安サイズ 首回り約43～54cm

作り方

1. 糸端を約15cm残して作りはじめます。
2. 赤、白、青の糸で、それぞれランダムに8～15目のリングを作ります（p.36 ❶～❹）。赤は約43cm、白は約47cm、青は約54cmが目安です。
※シャトルの糸が足りなくなったら、p.58を参照。
3. それぞれ目安の長さまで作ったら、シャトルの糸を約15cm残してカットします。
4. とじ針で糸始末をします（p.36 ❺～⓬）。
5. 両端に丸カンを付けます。
丸カンの中に3色のリング（それぞれの最初のリング、最後のリングをまとめます）を通します。さらに片方の丸カンにはダルマカン、もう片方には引き輪も付けます（p.83）。
ペンチでしっかりと丸カンを固定したら完成です。

> **ランダムリングを作ります**

リングの目数も間隔も自由に調整しながら作る飾りをランダムリングと呼びます。まずはランダムリングをたくさん作り、手を慣らしましょう。

❶ リングを1つ作ったら(p.20)、少し間隔をあけて次のリングを作りましょう。

1つめのリングから少し離れたところに表目を作ります。

❷ 続けて裏目を作ります。2つめのリングの1目めができました。

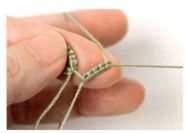

❸ 1つのリングの目数の目安は8〜15目。最後に絞ってリングを作ります。

❹ 2つめのリングができました。再び間隔をあけながらリングを作ります。

❺ 糸始末をします。好みの長さまで作ったら、シャトルの糸を約15cmの長さにカットし、とじ針に通します。

❻ リングの根元で、針を付けた糸端をひと結びします。

❼ リングの側面を見ると目の頭が凸凹になっています。❻の結び目のとなりの目と目の間に針を通します。

Tatting Lace Step 1
ランダムリングのアクセサリーを作りましょう

❽ 手前から向こう、向こうから手前に、半目ずつ針を通していきます。

針を通した目

❾ 5～6回針を通します。

❿ 最後に針を通した目のきわで糸をカットします。

⓫ カットした糸端に、ほつれ止めをほんの少量たらします。手芸用ボンドで代用してもかまいません。

⓬ リングの根元の結び目にもほつれ止めをほんの少量たらして乾かします。作りはじめの糸も同様に始末します。

Point！
手芸用ボンドと糸の相性を事前に確認！

手芸用ボンドやほつれ止めは、乾くと透明になりますが、糸の種類や色によっては、乾いたあとも変色したままになることがあります。

練習で作ったリングや失敗したリングなどを使い、変色したままにならないか事前にチェックしておきましょう。

Tatting Lace Step 2
蝶々のモチーフを作りましょう

蝶々のモチーフを作りながら、
ピコットの作り方、リング同士をつなぐピコットつなぎ、
すべての作品の仕上げに必要となる糸端の結び方を覚えましょう。

オリムパス エミーグランデ〈ハーブス〉 緑273
オリムパス エミーグランデ 水色390
オリムパス エミーグランデ〈カラーズ〉 白801

蝶々のモチーフ
作り方 ➡ p.43

Tatting Lace Step 2
蝶々のモチーフを作りましょう

タティングレースの基本

④ レシピの読み方

タティングレースは、図案と手順（記号で表した文字列）とを組み合わせた「レシピ」に従って作っていきます。作る前に材料やおおまかな作り方を確認し、レシピを見ながら作っていきましょう。

■図案の読み方

これから作る蝶々のモチーフを例に説明します（p.43）。図案を見ると、蝶々のモチーフは大小4つのリングで構成されていることがわかります。

①②…は作るリングの順番です。①から作りはじめて、時計回りに②→③→④と合計4つのリングを作っていきます。途中、①と②、③と④は、それぞれピコットつなぎでつなぎます（p.46）。

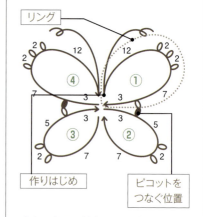

大きい丸囲み数字はリングを作る順番を、小さい数字はダブルステッチの目数を表します。矢印は進む方向です。

■記号の意味

図案の横に数字やアルファベットなどの記号で手順が書いてあります。

・R＝リング（①Rは1つめのリングということ。p.26）
・P＝ピコット（p.44）
・P★＝ピコットつなぎ（p.46）
・S★＝シャトルつなぎ（p.56）
・⇔＝リバース（p.56）
・P★＝モチーフつなぎ（p.75）
・数字＝ダブルステッチの目数（p.20）

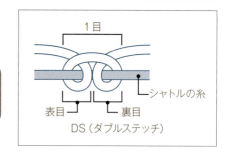

DS（ダブルステッチ）

例　① R　12、P、2、P、2、P、7、P、3 （P4個）
　　② R　3、P★、5、P、2、P、7 （P3個 P★含む）

例の意味は以下のようになります。

①のリング　12目作る→ピコットを作る→2目作る※1→ピコットを作る→2目作る→ピコットを作る→7目作る→ピコットを作る→3目作る※2　（ピコットの数は4つ）

②のリング　3目作る→ピコットつなぎをする→5目作る→ピコットを作る→2目作る→ピコットを作る→7目作る（ピコットつなぎを含め、ピコットの数は3つ）

※1　ピコットを作ると次の1目が必然的にできるので、実際には、ピコットの後は、あと1目作るだけです（p.44）。
※2　レシピでは省略していますが、最後の目を作り終えるごとに絞ってリングにします。

Tatting Lace Step 2
蝶々のモチーフを作りましょう

蝶々のモチーフの作り方

蝶々のモチーフ

材料　レース糸（オリムパス エミーグランデ801）、
　　　丸カン、ハットピンなどのアクセサリー金具
用具　シャトル、はさみ、ほつれ止め、ペンチ2本
出来上がり目安サイズ　幅約3.5cm

作り方
1. 糸端を約15cm残して作りはじめます。
2. レシピどおりに作ります。
3. タティング結びと触角の結び目にほつれ止めをたらして仕上げます。
4. 好きなピコットに丸カンとハットピンなどのアクセサリー金具を付けて活用してください（p.83）。

レシピ

〈図案〉

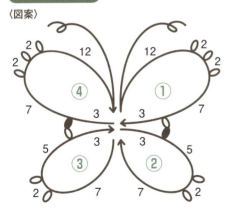

〈手順〉

まず、①Rから時計回りに作ります（p.44）。

途中、②Rと④Rは、ピコットつなぎをしながら作ります（p.46）。

①R　12, P, 2, P, 2, P, 7, P, 3（P4個）※左ページ参照
②R　3, P★, 5, P, 2, P, 7（P3個 P★含む）※左ページ参照
③R　7, P, 2, P, 5, P, 3（P3個）
④R　3, P★, 7, P, 2, P, 2, P, 12（P4個 P★含む）
　　※リングの間隔はあけずに作りましょう（p.45）

すべてのリングが表を向いていることを確認し、最初と最後の糸端をタティング結びします（p.48）。

最後に触角を作ります（p.49）。

〈記号の読み方〉
R=リング（①②③…は作る順番）
数字=ダブルステッチの目数
P=ピコット、P★=ピコットつなぎ

ピコットを作りましょう

ピコットは装飾のほか、リング同士をつなぐジョイントの役割を果たします。

※ p.43のレシピで使うピコットの工程です。本書に収録されているほぼすべての作品に必要なテクニックです。

❶ ピコットを作る手前の目（p.43 ①Rの12目め）まで作りました。

❷ ピコットを作ります。人さし指の腹の上で、前の目から8mmほど離して、表目を作ります。

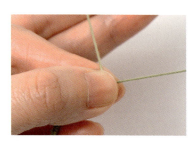

❸ 作った表目を押さえて、裏目を作ります。

❹ ダブルステッチが1目できました。

❺ できた目を押さえ、左に寄せます。

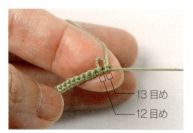

❻ ピコットができました。同時に次の1目もできます。

❼ ピコットを作りながらレシピで指定された目数のリングを作ります（p.43 ①R）。

Point!
ピコットがあるときは目の数え方に注意！

ピコットは目と目の間にできるので、写真❻では12目めと次の13目め※の間にピコットができたことになります。

※ 13目め＝ピコットの次の1目め

Tatting Lace Step 2
蝶々のモチーフを作りましょう

> 間隔をあけずにリングを作りましょう

2つのリングの根元をくっつけて作るコツを覚えましょう。

※ p.43のレシピで使う工程です。さまざまなモチーフを作る過程で重要なテクニックです。

❶ 1つめのリングの根元を押さえながら、左手に糸をかけ、基本の持ち方に。

❷ 左手にかけた糸を、1つめのリングを絞った合わせめにはさむように合わせます。

❸ 左手の親指と人さし指で❷の合わせめをしっかり押さえて、表目を作ります。

❹ シャトルの糸をピンと張ったまま、できた表目を1つめのリングに寄せていきます。

❺ 1つめのリングのきわに寄せます。

❻ 寄せた表目を押さえます。

❼ 表目を押さえたまま裏目を作ります。

❽ できた裏目を表目に寄せます。2つめのリングのダブルステッチが1目できました。続けて目を作ります。

ピコットつなぎを しましょう

リングを作りながら、別のリングのピコットにつなぐ方法です。

※ p.43のレシピで使うピコットつなぎの工程です。本書に収録されているほぼすべての作品に必要なテクニックです。

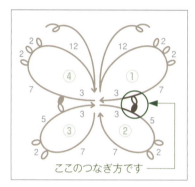
ここのつなぎ方です

❶ ダブルステッチが3目できたら、ピコットつなぎをします。

❷ 小さくなった左手の糸の輪を、しっかりと広げておきます。

表を向いています

❸ つなげる対象のピコットを、左手の人さし指の上でテンションの糸の上に重ねます。

❹ ピコットにシャトルのツノを差し込みます。

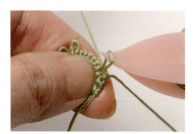
❺ テンションの糸をツノで右から左にすくい上げます。

Point !
糸をすくうとき、ツノの向きに注意!

裏返しですくうと、シャトルが壊れやすくなります。

❻ すくい上げた糸の輪がねじれていないか確認し、そのままシャトルをくぐらせます。

Tatting Lace Step 2
蝶々のモチーフを作りましょう

❼ シャトルがくぐり抜けたら、シャトルの糸をピンと張ります。

❽ 左手の中指・薬指を起こし、左手の輪を広げながらテンションの糸を引きます。

❾ となりの目と同じ高さになるように引きます(①Rの4つめのピコットがつながりました)。

❿ つないだ部分を押さえて、次の目を作ります。

⓫ ピコットつなぎができました。続けてレシピどおりに作ります。

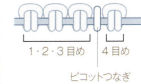

ピコットつなぎが完成すると下図のように半目できますが、これは目として数えません。

1・2・3目め　4目め
ピコットつなぎ

Point!
糸の引きすぎに注意!

ピコットつなぎをする際、テンションの糸を引っ張りすぎるとシャトルの糸が引き込まれてしまいます。また、シャトルの糸をゆるめてテンションの糸を引くと、結ばってしまいます。

タティング結び※で仕上げます

モチーフを作り終えたら、すぐに結んで仕上げます。たて結びにならないように注意しましょう。

※かた結びの要領で、2回目を2回からげる結び方を本書では「タティング結び」と呼びます。
※p.43の仕上げに使います。さまざまなモチーフの糸始末前に必要です。

❶ モチーフを表向きにしてシャトルを左、糸端を右に置きます。

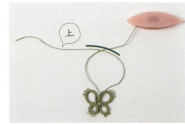

❷ 糸端がシャトルの糸の上になるように交差させます。

❸ 糸端をシャトルの糸に1回からげます。

❹ 左右均等に引いていきます。均等に引かないときれいに結べません。

❺ 蝶々の羽の間に隙間ができないように結びます。

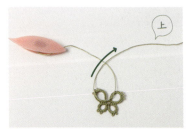

❻ 再び糸端がシャトルの糸の上になるように交差させます。

❼ 糸端をシャトルの糸に2回からげます。

❽ 左右均等に引いていきます。よじれないように注意しましょう。

Tatting Lace Step 2
蝶々のモチーフを作りましょう

> **Point!**
> ## たて結びにならない タティング結びの方法
>
> タティング結びをするときは、1回めも2回めも、同じ糸端を上に交差させて結びます。そうすれば、たて結びにはなりません。

❾ 結び目のコブが横に2つ並びます。タティング結びができました。

触角の作り方

❿ 片方の糸端を1回ゆるく結んで縦に置き、上下を指で押さえます。

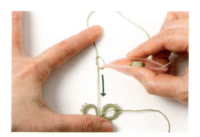

⓫ 結び目の輪をシャトルで動かし、位置を決めます。

⓬ 好みの位置まで来たら、シャトルを外します。

⓭ 上下に糸を引いてしっかりと結びます。

⓮ 反対側も1つめの触角と同じ位置で同様に結び、糸端をカットします。

⓯ 蝶々のモチーフが完成しました。

Tatting Lace Step 3

シャトルつなぎの
ふさふさブレードを作りましょう

大小のリングを組み合わせると、
ネックレスやピアスにぴったりな、
ボリューム感のあるブレードを作ることができます。
モチーフを裏返しながら作業を進める「リバース」と、
「シャトルつなぎ」というつなぎ方を覚えましょう。

Tatting Lace Step 3
シャトルつなぎのふさふさブレードを作りましょう

オリムパス エミーグランデ123

ふさふさブレードのピアスとネックレス
作り方➡ p.54〜

ふさふさブレードのアクセサリーの作り方

ふさふさブレードのピアス

材料 レース糸（オリムパス エミーグランデ 123）、
　　　 丸カン 2 個、ピアス金具（カン付き）1 セット
用具 シャトル、はさみ、とじ針、ほつれ止め、ペンチ 2 本
出来上がり目安サイズ 約 7cm（モチーフ 6 個）

作り方

1. 糸端を約 15cm 残して作りはじめます。
2. レシピどおりに作ります。
   ※シャトルの糸が足りなくなったら、p.58 を参照。
3. 作り終わったらとじ針で糸始末をします (p.81)。
4. 小さなリングに丸カンを付け、ピアス金具を付けます (p.83)。
   ※イヤリングにする場合は、小さなリングに丸カンとイヤリング金具（カン付き）を付けます。

レシピ

〈図案〉

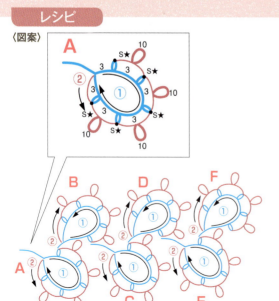

〈手順〉

A（①R を作り、リバースし、②を作ります。p.56）
①R　3、P、3、P、3、P、3、P、3、P、3（P5 個）、⇔
シャトルの糸を①R に添わせて伸ばし、①R の最後のピコットにシャトルつなぎ。以降、10目のリングとシャトルつなぎを繰り返し、②を作ります(p.56)。
②　S★、R10、S★、R10、S★、R10、S★、R10、S★、
⇔しない
※S★と R10 の間はそれぞれ 1mm（あきすぎないように注意）。

B〜F
A と同様に①R、②を繰り返して作ります。
※モチーフとモチーフの間はリバースしません。

〈記号の読み方〉

R＝リング（①②は作る順番）、数字＝ダブルステッチの目数
P＝ピコット、⇔＝リバース、S★＝シャトルつなぎ
R10＝10目のリング

Tatting Lace Step 3
シャトルつなぎのふさふさブレードを作りましょう

ふさふさブレードのネックレス

材料 レース糸（オリムパス エミーグランデ 123）、
丸カン 2 個、ダルマカン、引き輪
用具 シャトル、はさみ、とじ針、ほつれ止め、ペンチ 2 本
出来上がり目安サイズ 首回り約 70cm

作り方
1. 糸端を約 15cm 残してランダムリングを約 21cm 作ります。
   ※シャトルの糸が足りなくなったら、p.58 を参照。
2. レシピどおりにふさふさブレードを約 25cm 作ります。
3. ランダムリングを反対側と同じ長さまで作ります。
4. 作り終わったらとじ針で糸始末をします（p.81）。
5. 片方の端に丸カンとダルマカン、もう片方の端に丸カンと引き輪を付けます（p.83）。

レシピ

〈図案〉

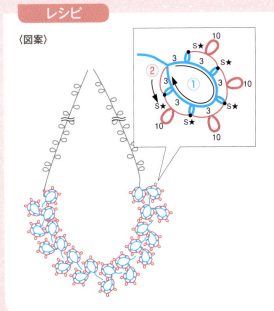

〈手順〉

ランダムリングを約 21cm 作ります（p.36 ❶〜❹）。
続けて、ふさふさのブレードを作ります（左ページと同様に）。
① R　3、P、3、P、3、P、3、P、3（P5 個）、⇔
② S★、R10、S★、R10、S★、R10、S★、R10、S★、
⇔しない
※S★と R10 の間はそれぞれ 1mm（あきすぎないように注意）。

必要な長さになるまで ①R、② を繰り返します（写真は 23 個）。
※モチーフとモチーフの間はリバースしません。

続けて、もう片側のランダムリングを約 21cm 作ります。

〈記号の読み方〉
R=リング（①②は作る順番）、数字 =ダブルステッチの目数
P=ピコット、⇔= リバース、S★= シャトルつなぎ
R10＝10目のリング

リバースをして シャトルつなぎを しましょう

5個のピコットのあるリングを裏返し、小さなリングをつないでいきます。

※ p.54・55の工程に使います。

❶ ブレード部分を作ります。指定の目数で、ピコットが5個あるリングを作ります (p.54 Aの①R)。

❷ リングを矢印の方向に裏返します。これを「リバースする」といいます（リングの表裏の見方は p.13）。

❸ ❶のリングで最後に作ったピコットを、シャトルの糸の上に重ねます。

❹ ピコットに上からシャトルのツノを入れ、シャトルの糸をすくい上げます。糸の輪にシャトルをくぐらせます。

❺ くぐり抜けたらシャトルを引いて糸の輪を小さくします。

❻ シャトルつなぎができました。

シャトルの糸をピコットにつなぐのが「シャトルつなぎ」。つなぎめは右図のような形になります。この形にすることが重要です。正しく作るとシャトルの糸を引っ張ってもつなぎめは動きません。

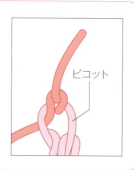

Tatting Lace Step 3
シャトルつなぎのふさふさブレードを作りましょう

ふさふさブレードを仕上げます

❼ レシピを参考に、シャトルつなぎの部分から約1mm離してリングを作ります（p.54Aの②）。

❽ 10目のリング（10R）ができました。

❾ ❸〜❻と同じ要領で、となりのピコットにシャトルつなぎをします。

❿ リング→シャトルつなぎを繰り返します。内側（p.54Aの①R）のリングに小さなリングが4つ、つながりました。

⓫ リバースせずに2つめのモチーフ（p.54Bの①R）を作ります。

⓬ 土台のリング（p.54Bの①R）ができたらリバースし、❸〜❿を繰り返します。

Column リバースがある図案を見るときの注意

レシピの図案上で、
・矢印が時計回りのリングは表向き
・矢印が反時計回りのリングは裏向き
に仕上がります。
　図案上でリングの矢印の向きが逆になるところが、リバースのタイミング。
　実際の作業では、常にリングの表を見ながら、時計回りに作っていくことになります。

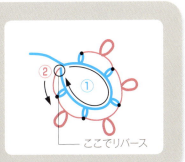

ここでリバース

タティングレースの基本

⑤ 糸の替え方

ネックレスなど、サイズの大きな作品を作るときは、
はじめにシャトルに巻いた糸だけでは足りなくなってしまいます。
糸替えの方法をマスターしましょう。

> **ランダムリングなどで必要な長さになる前に糸が足りなくなった場合**

シャトルの中の糸が少なくなったら、新たに糸を巻いたシャトルで続きを作り、最後にとじ針で糸始末します。

※わかりやすくするため、つなげるランダムリングの色を変えています。

❶ シャトルの糸が少なくなり、もうリングは作れそうにありません。

❷ 別のシャトルのツノで、シャトルの巻きはじめの糸の輪を引き出します。

❸ 引き出した巻きはじめの結び目をツノでほどき、短くなった糸をシャトルから外します。

❹ 新しくシャトルに巻いた糸でランダムリングの続きを作ります。

❺ どちらかのランダムリングに寄せて、糸端同士を1回からげて結びます。

❻ 2回からげて結び（タティング結び p.48）、片方の糸端をとじ針に通します。

❼ リングの側面を見て、結び目に近い目と目の間に針を入れます。

❽ 針を通しました。

❾ 凸凹になった目と目の間に、向こうから手前、手前から向こうに針を通します。

❿ 2回針を通したところです。

⓫ 針を5～6回通します。糸端をきわでカットし、ほつれ止めをたらします。

⓬ もう一方の糸端は別のところで、同様に始末します。

Point！
糸始末は別々のところで

2本の糸端を同じ部分に縫い込まないようにしましょう。糸を2色使っている場合や、段染め糸を使っている場合は、糸端と同色のリングに縫い込み、糸始末します。

> ### 次のリングを作る前に 新しい糸に替える場合
>
> リングをひとつ絞り終わったところで、新しい糸に替えましょう。リングの途中で糸がなくならないように、リングを1つ作り終えるごとにシャトルの残り糸をチェックしましょう。
>
> ※わかりやすくするため、糸の色を替えています。

❶ 新しくシャトルに巻いた糸で、次のリングをピコットつなぎの手前まで作ります。

> ### ピコットつなぎをお忘れなく！
>
> 糸を替えて新しいリングを作ったとき、最初のピコットつなぎを忘れることが多いので注意しましょう。

❷ ひとつ前に作ったリングにピコットつなぎをします (p.46)。

❸ 続けて目を作ります。

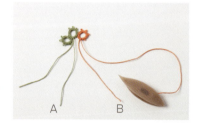

❹ 最後まで目を作って、リングを絞ります。

❺ 前のリングの作り終わりの糸端と、新しいリングの糸端（❹のAとB）をタティング結び (p.48) します。

Tatting Lace Step 4

フラワーモチーフを作りましょう

ピコットつなぎをしながらリングを
4つ、5つ作ると、かわいらしい花のモチーフが完成します。
ここでは、最初と最後のリングをつなげるときに必要な
「2回折るピコットつなぎ」をマスターしましょう。

フラワーモチーフ（花びら4枚）の作り方

フラワーモチーフ（花びら4枚）

材料 レース糸（オリムパス エミーグランデ〈ハーブス〉273）
用具 シャトル、はさみ、手芸用ボンド
出来上がり目安サイズ 約3cm

作り方

1. 糸端を約15cm残して作りはじめます。
2. レシピどおりに作ります。
3. 作り終わったら、手芸用ボンドで糸始末をします（p.80）。
   ※糸始末はとじ針を使う方法でも可。

レシピ

〈図案〉

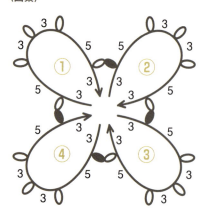

〈手順〉※1つのリングにつきピコットの数はすべて5個（P★含む）。

まず、①Rから時計回りに作ります。
最後④Rのピコットつなぎは2回折るピコットつなぎ（p.63）です。

①R　3, P, 5, P, 3, P, 3, P, 5, P, 3
②R　3, P★, 5, P, 3, P, 3, P, 5, P, 3
③R　3, P★, 5, P, 3, P, 3, P, 5, P, 3
④R　3, P★, 5, P, 3, P, 3, P, 5, P★（2回折る方法）、3

モチーフができたらタティング結びをして（p.48）、糸をカットします。

〈記号の読み方〉
R＝リング（①②③…は作る順番）、数字＝ダブルステッチの目数
P＝ピコット、P★＝ピコットつなぎ

Tatting Lace Step 4

フラワーモチーフを作りましょう

2回折る ピコットつなぎを しましょう

フラワーモチーフのような、最初と最後のリングをつなげてモチーフを完成させるのに欠かせないテクニックです。

※p.62の工程に使います。本書で出てくるフラワーモチーフすべてに必要です。

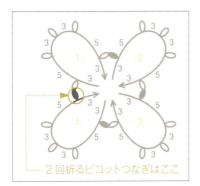

2回折るピコットつなぎはここ

※わかりやすくするために、最後のリングの糸の色を変えています。

1回めの折り方

❶ 最後のピコットつなぎをする直前まで目を作ります。すべてのリングが表向きになっていることを確認しましょう。

❷ ピコットつなぎをする直前の目を左手で押さえます。

❸ つなげる対象のピコット（上図①Rの最初のピコット）の裏側に右手の親指を添えます。

❹ さらに人さし指で表側を押さえ、ピコットをしっかりとつまみます。

❺ 右手の甲を向こう側に返しながらつまんだピコットを左手の人さし指の上に持っていきます。

❻ 右手は動かさずに、左手の親指を抜きます。このとき、左手にかかる糸の輪がゆるまないように注意！

❼ 右手の親指の少し下を、左手の親指で押さえます。

❽ 右手を離します。

確認①
☐ つなげるリングの裏を見ていますか?
☐ 糸端が真下を向いていますか?
☐ つなげる対象のピコットがテンションの糸の上にありますか?

テンションの糸
裏向き
つなげるピコット
糸端

2回めの折り方

❾ つなげる対象のピコットの向こう側に右手の親指を添えます。

❿ 手前側を人さし指で押さえ、ピコットをしっかりとつまみます。

⓫ 左手の親指の位置を少し下げます。

⓬ つなげる対象のピコットを持ったまま、右手の甲を向こう側に返します。リング(①R)の表がこちらを向きます。

⓭ ⓬の状態のまま、つなげる対象のピコットをテンションの糸に重ね、左手の親指と人さし指でつまみます。

Tatting Lace Step 4
フラワーモチーフを作りましょう

⑭ 右手を離します。

確認②
☐ つなげるリングの表を見ていますか?
☐ 糸端が真上を向いていますか?
☐ つなげる対象のピコットがテンションの糸の上にありますか?

- テンションの糸
- 糸端
- 表向き
- つなげるピコット

⑮ ピコットつなぎ (p.46) 同様、つなげる対象のピコットからテンションの糸をすくい上げ、そのまま糸の輪にシャトルをくぐらせます。

⑯ くぐり抜けたら、この状態を保ったまま、指定の目数 (p.63 の図の場合は3目) 作ります。

⑰ 最後の目をしっかりと押さえます。

⑱ シャトルの糸を引いて、リングを小さくします。ただし、絞りきりません。

⑲ 左手を離します。

⑳ 向こう側に重なっていたリング (①R) を起こしましょう。

㉑ 最後に作った3目に向こう側から右手の人さし指を添えます。

㉒ 最後のリング（④R）も起こします。

平行

㉓ モチーフの裏を見ています。ピコットが平行で、ねじれていないか確認します。

㉔ 正しくできていれば、最後の目を押さえてリング（④R）を絞りきります。

㉕ 表を見ても、きれいにつながっています。裏でタティング結びと糸始末をします（p.48、p.80）。

> **Point !**
>
> ## 2回折るピコットつなぎのポイント
>
> 「2回折るピコットつなぎ」は、とにかくつなげる対象のピコットを見失わないことが大切です。「右手の甲を自分に向けてそのピコットをつまんで、リングを向こう側に折る」を2回繰り返し、テンションの糸に添えるようにします。折るごとに、そのピコットがあるリングの裏表、糸端の向きを確認しましょう。また、左手の糸の輪がゆるまないよう、しっかりとキープするようにします。

Tatting Lace Step 5

モチーフつなぎの
小物を作りましょう

モチーフ同士をつなぐ「モチーフつなぎ」をマスターすれば、
作品のバリエーションは無限に広がります。
まずはシンプルなモチーフを一列につないでみましょう。

Tatting Lace Step 5
モチーフつなぎの小物を作りましょう

オリムパス エミーグランデ〈カラフル・段染め〉C6

花びら4枚のフラワーモチーフで作るラリエット
作り方 ➡ p.74

オリムパス エミーグランデ青 486、白 801
オリムパス エミーグランデ〈ハーブス〉ピンク 119

花びら4枚のフラワーモチーフで作るコースター
作り方 → p.76
※コースター入れの作り方は p.91

Tatting Lace Step 5
モチーフつなぎの小物を作りましょう

オリムパス エミーグランデ〈ハーブス〉800

花びら5枚のフラワーモチーフで作る付け襟
作り方 ➡ p.78

モチーフつなぎの小物の作り方

花びら4枚のフラワーモチーフで作るラリエット

材料 レース糸（オリムパス エミーグランデ 〈カラフル・段染め〉C6）
用具 シャトル、はさみ、ほつれ止め、とじ針
出来上がり目安サイズ 約90cm（モチーフ35個）

作り方
1. 糸端を約15cm残して作りはじめます。
2. レシピどおりに作ります。
   ※シャトルの糸が足りなくなったら、p.60を参照。
3. 作り終わったら、とじ針で糸始末をします（p.81）。
   ※糸始末は手芸用ボンドを使う方法でも可。

レシピ

〈図案〉

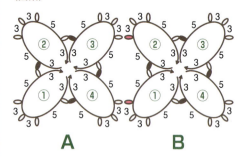

〈手順〉※1つのリングにつきピコットの数はすべて5個（P★、P★含む）。

Aを作ります。
① R　3、P、5、P、3、P、3、P、5、P、3
② R　3、P★、5、P、3、P、3、P、5、P、3
③ R　3、P★、5、P、3、P、3、P、5、P、3
④ R　3、P★、5、P、3、P、3、P、5、P★（2回折る方法）、3
タティング結び（p.48）をし、糸を約15cm残してカットします（B以降も同様）。

BをAにつなぎながら作ります。
① R　3、P、5、P、3、P、3、P★、5、P、3
② R　3、P★、5、P★、3、P、3、P、5、P、3
③ R　3、P★、5、P、3、P、3、P、5、P、3
④ R　3、P★、5、P、3、P、3、P、5、P★（2回折る方法）、3

適当な長さになるまでBを繰り返します（写真はモチーフ35個）。

〈記号の読み方〉
R＝リング（①②③…は作る順番）
数字　＝ダブルステッチの目数
P＝ピコット、P★＝ピコットつなぎ
P★＝モチーフつなぎ（図案上は●）

Tatting Lace Step 5

モチーフつなぎの小物を作りましょう

モチーフつなぎをしましょう

作品を作るのに必要なテクニックです。これがきれいにできれば大作も作れます。

※p.74で使う工程です。これ以降すべての作品に必要です。

※工程の写真は糸始末を終えています。

❶ 1つめのモチーフを作り終えたところです (p.74**A**)。

1つめのモチーフは表を向いています

❷ 2つめのモチーフをピコットつなぎの直前まで作ります。つなげる対象のピコットをテンションの糸の上に重ねます。

❸ ピコットつなぎの要領 (p.46) で、シャトルのツノでテンションの糸をすくい上げ、そのまま糸の輪にシャトルをくぐらせます。

❹ くぐり抜けたら、となりの目と同じ高さになるまで、テンションの糸を引き、続けて目を作っていきます。

❺ 前のモチーフと1か所、つながりました (p.74**B**の①R)。

❻ 2つめのリング (p.74**B**の②R) も同様につなぎます。

❼ 続けて目を作っていきます。

❽ モチーフが2つ、つながりました。1つ作り終わるごとにタティング結び (p.48) をしましょう。

※コースター入れの作り方は p.91

花びら4枚のフラワーモチーフで作るコースター

材料 レース糸（オリムパス エミーグランデ〈ハーブス〉ピンク 119、オリムパス エミーグランデ青 486、白 801）

用具 シャトル、はさみ、手芸用ボンド

出来上がり目安サイズ 約 7.5cm × 約 7.5cm

作り方

1. 糸端を約 15cm 残して作りはじめます。
2. レシピどおりに作ります。
   ※シャトルの糸が足りなくなったら、p.60 を参照。
3. 作り終わったら、手芸用ボンドで糸始末をします（p.80）。
   ※糸始末はとじ針を使う方法でも可。

レシピ

〈記号の読み方〉
R＝リング（①②③…は作る順番）
数字＝ダブルステッチの目数
P＝ピコット、P★＝ピコットつなぎ
P★＝モチーフつなぎ（図案上は●）

※A・E・I＝オリムパス エミーグランデ〈ハーブス〉801
　B・C・F＝オリムパス エミーグランデ 486
　D・G・H＝オリムパス エミーグランデ〈ハーブス〉119 を使用。
※色の組み合わせはお好みで。配色も自由に楽しんでください。

〈図案〉

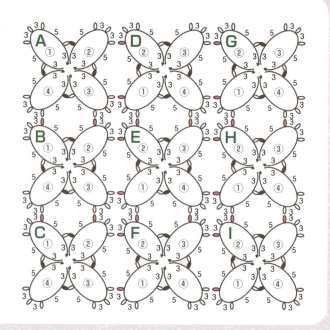

Tatting Lace Step 5
モチーフつなぎの小物を作りましょう

〈手順〉※1つのリングにつきピコットの数はすべて5個(P★、P★含む)。

左の列を作ります。

A
①R　3、P、5、P、3、P、3、P、5、P、3
②R　3、P★、5、P、3、P、3、P、5、P、3
③R　3、P★、5、P、3、P、3、P、5、P、3
④R　3、P★、5、P、3、P、3、P、5、P★(2回折る方法)、3
タティング結び(p.48)をし、糸を約1cm残してカットします(B以降も同様)。

B、C(それぞれ A、Bにつなぎながら作ります)
①R　3、P、5、P、3、P、3、P★、5、P、3
②R　3、P★、5、P★、3、P、3、P、5、P、3
③R　3、P★、5、P、3、P、3、P、5、P、3
④R　3、P★、5、P、3、P、3、P、5、P★(2回折る方法)、3

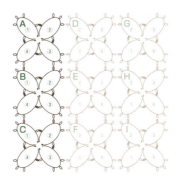

中央の列を作ります。

D(Aにつなぎながら作ります)
①R　3、P、5、P、3、P、3、P★、5、P、3
②R　3、P★、5、P★、3、P、3、P、5、P、3
③R　3、P★、5、P、3、P、3、P、5、P、3
④R　3、P★、5、P、3、P、3、P、5、P★(2回折る方法)、3

E、F(それぞれ BとD、CとEにつなぎながら作ります)
①R　3、P、5、P、3、P、3、P★、5、P、3
②R　3、P★、5、P★、3、P、3、P★、5、P、3
③R　3、P★、5、P★、3、P、3、P、5、P、3
④R　3、P★、5、P、3、P、3、P、5、P★(2回折る方法)、3

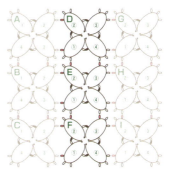

右の列を作ります。

G(Dにつなぎながら作ります)
①R　3、P、5、P、3、P、3、P★、5、P、3
②R　3、P★、5、P★、3、P、3、P、5、P、3
③R　3、P★、5、P、3、P、3、P、5、P、3
④R　3、P★、5、P、3、P、3、P、5、P★(2回折る方法)、3

H、I(それぞれ EとG、FとHにつなぎながら作ります)
①R　3、P、5、P、3、P、3、P★、5、P、3
②R　3、P★、5、P★、3、P、3、P★、5、P、3
③R　3、P★、5、P★、3、P、3、P、5、P、3
④R　3、P★、5、P、3、P、3、P、5、P★(2回折る方法)、3

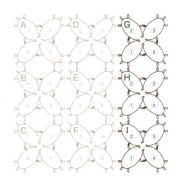

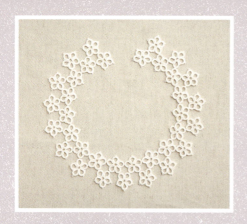

花びら5枚のフラワーモチーフで作る付け襟

材料 レース糸（オリムパス エミーグランデ〈ハーブス〉800）
用具 シャトル、はさみ、手芸用ボンド
出来上がり目安サイズ 首回り約47cm、幅約5cm

作り方
1. 糸端を約15cm残して作りはじめます。
2. レシピどおりに作ります。
　※シャトルの糸が足りなくなったら、p.60を参照。
3. 作り終わったら、手芸用ボンドで糸始末をします（p.80）。
　※糸始末はとじ針を使う方法でも可。

レシピ

〈記号の読み方〉
R＝リング（①②③…は作る順番）
数字 ＝ダブルステッチの目数
P＝ピコット、P★＝ピコットつなぎ
P★＝モチーフつなぎ（図案上は●）

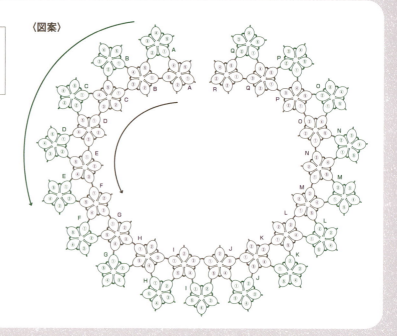

〈図案〉

Tatting Lace Step 5
モチーフつなぎの小物を作りましょう

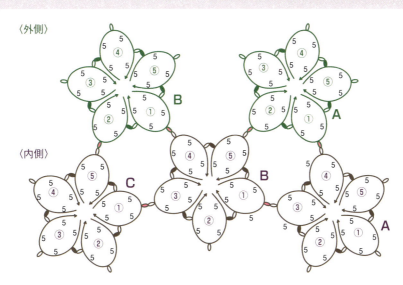

〈手順〉※1つのリングにつきピコットの数はすべて3個（P★、P★含む）。

内側を作ります。

A
①R 5、P、5、P、5、P、5
②R 5、P★、5、P、5、P、5
③R 5、P★、5、P、5、P、5
④R 5、P★、5、P、5、P、5
⑤R 5、P★、5、P、5、P★（2回折る方法）、5
タティング結び（p.48）をし、糸を約1cm残してカットします（B以降も同様）。

B（Aにつなぎながら作ります）
①R 5、P、5、P★、5、P、5
②R 5、P★、5、P、5、P、5
③R 5、P★、5、P、5、P、5
④R 5、P★、5、P、5、P、5
⑤R 5、P★、5、P、5、P★（2回折る方法）、5

C〜R
Bと同様に、ひとつ前のモチーフにつなぎながら作ります。

外側を作ります。

A（内側のAとBにつなぎながら作ります）
①R 5、P、5、P★、5、P、5
②R 5、P★、5、P★、5、P、5
③R 5、P★、5、P、5、P、5
④R 5、P★、5、P、5、P、5
⑤R 5、P★、5、P、5、P★（2回折る方法）、5
タティング結び（p.48）をし、糸を約1cm残してカットします（B以降も同様）。

B〜Q
Aと同様に、内側のモチーフにつなぎながら作ります。

タティングレースの基本

⑥ 糸始末の方法

すべてのモチーフや作品に共通する糸始末の方法を紹介します。
糸端のほつれや型崩れを事前に防ぎ、どこから見てもきれいな仕上がりを目指しましょう。

> **手芸用ボンドで糸始末する方法**

糸始末の方法は2通りあります。コースターや付け襟など、表しか見えない作品は手芸用ボンドで始末するのがおすすめ。短くカットした糸端をなじませるために、シャトルのツノを利用します。

❶ モチーフの裏でタティング結び（p.48）をしたら、両方の糸端を1cmほどにカットします。

❷ シャトルのツノで、糸先をほぐし、ボソボソにします。

❸ 先端を斜めにカットします。

❹ タティング結びの結び目に手芸用ボンドを少量付けます。

❺ 糸端にも手芸用ボンドを付け、シャトルのツノでリングに平らに貼り付け、なじませます。

❻ もう片方の糸端も同様に処理したら、すぐにシャトルのツノに付いた手芸用ボンドをふき取ります。

❼ 完全に乾かします。複数つないだ場合はすべてのモチーフを作り終わってから処理するのがよいでしょう。

> **Point !**
> **手芸用ボンドの種類を選びましょう**
>
> 水洗い・アイロンがけOKで、乾いてもテカらない手芸用ボンドを使うようにしてください。アイロン接着ができるタイプを選べば、作品を布地に貼ることもできて便利です。

とじ針で糸端を縫い込む方法

ピアスやイヤリング、ネックレス、ブレスレットなど、両面が見える作品は、とじ針を使って糸端を縫い込むほうがきれいに仕上がります。

❶ リングの根元で糸端をひと結び（フラワーモチーフなどはタティング結び p.48）し、結び目に近い目と目の間に針を入れます。

目を割らないように注意！

❷ 凹凸になった目と目の間に、手前から向こう、向こうから手前に針を通します。

❸ 5～6回針を通します。

❹ 糸端をカットします。リングまで切らないように注意！

❺ 糸端をカットした部分にほつれ止めをたらします。手芸用ボンドで代用してもかまいません。

❻ タティング結びや、ひと結びした結び目にもほつれ止めをたらします。

Point！ とじ針を選びましょう

太いレース糸にはニット用のとじ針を、細い糸にはクロスステッチ針が最適です。最後にほつれ止めか手芸用ボンドで補強します。

【糸始末の注意点】

※手芸用ボンドやほつれ止めが乾くまでは時間がかかるので、モチーフを1つ作り終わったらタティング結びまですませておき、完成後、糸始末をするのがおすすめです。

※作品が立体の場合は、モチーフを1つ作るごとに糸始末をしてから次のモチーフを作ると、作業がスムーズです。

⑦ 形の整え方

完成した作品にアイロンでスチームを当てると、目がふっくらとしてきます。
湿っている間は、手でも形を整えることができますが、まち針を利用するとより美しい仕上がりに。
最後にスプレーのりで仕上げると汚れにくくなり、型崩れも防げます。

❶ アイロン台に作品を置き、各モチーフの中心にマチ針を垂直に打ちます。

❷ 外側のピコットに、まち針を垂直に浅く刺し、そのまま外側に45度まで傾けて、さらに深く刺します。

❸ 対角線上のピコット、さらにもう一方の外側のピコットの順に、同様にまち針を打ちます。

❹ 中心に打ったまち針を外し、アイロンを少し浮かせてスチームを当てます。

❺ まち針を打ったままスプレーのりをふきかけ、まち針を抜かずに乾かします。

Point！
複雑な作品にはまち針をしっかり打って

大きくて複雑な作品になるほど、まち針が効果を発揮します。小さなモチーフなら、まち針を打たなくてもOK。アイロン台にまち針が刺さりにくい場合は、平らなクッションなどを利用しましょう。まっすぐ整えやすくなるのでギンガムチェックの布を敷くのもおすすめ。

タティングレースの基本

⑧アクセサリー金具の付け方

タティングレースのモチーフは軽いので、重い金具を付けると引っ張られてしまいます。
作品に金具を付ける場合、なるべく小さく、軽いものを選びましょう。
ここではネックレス金具を例にとって説明します。

❶ ネックレス用の留め金具（ダルマカン、引き輪）と丸カン（2個）を用意します。
※ピアスやイヤリング金具はカン付きのものを用意しましょう。

❷ 先の細い平型ペンチ（やっとこ）を両手に持ち、丸カンのとじ目を上にしてはさみます。

❸ とじ目を手前と向こう側に広げます。左右に引っぱらないように注意！

❹ 丸カンにモチーフのリング、ピコット、引き輪のカン部分を通します。

❺ 再び2本のペンチで丸カンを持ち、開いたとじ目を元に戻します。

❻ とじ目をぴったりとくっつけます。

❼ 金具が付きました。

❽ もう片方のモチーフには同様に、丸カンとダルマカンを付けます。

Point！
ペンチの選び方と使い方

ペンチはなるべく先端が細く、合わせめが平らなものを選びます。丸カンは左右に開くとぴったりとじなくなるので、前後に開くようにします。

83

Tatting Lace Challenge!

レシピを見ながら 大作にチャレンジしてみましょう

モチーフをたくさんつなげていくと、
さまざまな形が生まれます。
つなげる場所と順番に注意しながら、
少々複雑な作品に挑戦してみましょう。

オリムパス エミーグランデ〈カラフル・段染め〉紫 C3、緑〜黄色 C9
オリムパス エミーグランデ〈ハーブス〉茶色 745、
オリムパス エミーグランデ ベージュ 810、水色 390
オリムパス エミーグランデ〈カラーズ〉生成 804

Tatting Lace Challenge !
レシピを見ながら大作にチャレンジしてみましょう

花びら5枚のフラワーモチーフで作るリングケース
作り方 ➔ p.88

花びら5枚のフラワーモチーフで作るリングケースの作り方

材料 レース糸（オリムパス エミーグランデ〈ハーブス〉茶色745、オリムパス エミーグランデ 水色390）
用具 シャトル、はさみ、ほつれ止め、とじ針
出来上がり目安サイズ 約5.5cm

作り方

1. 糸端を約15cm残して作りはじめます。
2. レシピどおりに作ります。
   ※シャトルの糸が足りなくなったら、p.60を参照。
3. 作り終わったら、とじ針で糸始末をします（p.81）。
   ※モチーフを1つ作るごとに糸始末しておくと作業しやすくなります。

レシピ

〈記号の読み方〉
R＝リング（①②③…は作る順番）
数字＝ダブルステッチの目数
P＝ピコット、P★＝ピコットつなぎ
P★＝モチーフつなぎ（図案上は●）

※A・E・F＝オリムパス エミーグランデ 390
　B・C・D＝オリムパス エミーグランデ〈ハーブス〉745
※色の組み合わせはお好みで。配色も自由に楽しんでください。

〈図案〉

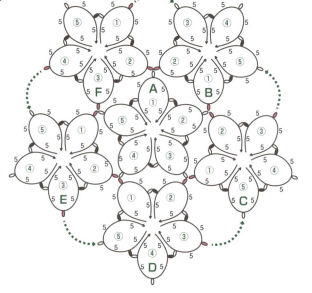

Tatting Lace Challenge！
レシピを見ながら大作にチャレンジしてみましょう

〈手順〉※1つのリングにつきピコットの数はすべて3個（P★、P★含む）。

底を作ります。

A
①R　5、P、5、P、5、P、5
②R　5、P★、5、P、5、P、5
③R　5、P★、5、P、5、P、5
④R　5、P★、5、P、5、P、5
⑤R　5、P★、5、P、5、P★（2回折る方法）、5
タティング結び(p.48)をし、糸始末(p.81)をします(B以降も同様)。

側面を作ります。

B（Aにつなぎながら作ります）
①R　5、P、5、P★、5、P、5
②R　5、P★、5、P★、5、P、5
③R　5、P★、5、P、5、P、5
④R　5、P★、5、P、5、P、5
⑤R　5、P★、5、P、5、P★（2回折る方法）、5

C（AとBにつなぎながら作ります）
①R　5、P、5、P★、5、P、5
②R　5、P★、5、P★、5、P、5
③R　5、P★、5、P★、5、P、5
④R　5、P★、5、P、5、P、5
⑤R　5、P★、5、P、5、P★（2回折る方法）、5

D・E
Cと同様に、それぞれAとC、AとDにつなぎながら作ります。

F（BとAとEにつなぎながら作ります）
①R　5、P、5、P★、5、P、5
②R　5、P★、5、P★、5、P、5
③R　5、P★、5、P★、5、P、5
④R　5、P★、5、P★、5、P、5
⑤R　5、P★、5、P、5、P★（2回折る方法）、5

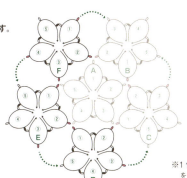

※1個のピコットに複数のモチーフをつなげる場合も、つなぎ方は「モチーフつなぎ(p.75)」と同じです。

オリムパス エミーグランデ青486、白801
オリムパス エミーグランデ〈ハーブス〉ピンク119

花びら4枚のフラワーモチーフで作るコースター入れ
作り方 ➡ p.91

Tatting Lace Challenge!
レシピを見ながら大作にチャレンジしてみましょう

花びら4枚のフラワーモチーフで作るコースター入れの作り方
※コースターの作り方は p.76

材料 レース糸（オリムパス エミーグランデ〈ハーブス〉ピンク 119、オリムパス エミーグランデ青 486、白 801）
用具 シャトル、はさみ、ほつれ止め、とじ針
出来上がり目安サイズ
縦約 10cm ×幅約 10cm ×マチ約 2.5cm、持ち手の長さ約 17cm

作り方
1. 糸端を約 15cm 残して作りはじめます。
2. レシピどおりに作ります。
※シャトルの糸が足りなくなったら、p.60 を参照。
3. 作り終わったら、とじ針で糸始末をします（p.81）。
※モチーフを1つ作るごとに糸始末をしておくと作業しやすくなります。

レシピ

〈記号の読み方〉
R＝リング（①②③…は作る順番）
数字＝ダブルステッチの目数
P＝ピコット、P★＝ピコットつなぎ
P★＝モチーフつなぎ（図案上は●）

※[1面]A・D・M・P、[3面]A・D・M・P、[5面]C・E＝オリムパス エミーグランデ 486、[1面]B・C・E・H・I・L・N・O、[2面]B、[3面]B・C・E・H・I・L・N・O、[4面]G、[5面]B・D・F＝オリムパス エミーグランデ〈ハーブス〉119、[1面]F・G・J・K、[2面]A・C・D、[3面]F・G・J・K、[4面]A〜F・H、[5面]A・G＝オリムパス エミーグランデ 801
※色の組み合わせはお好みで。配色も自由に楽しんでください。

〈図案〉

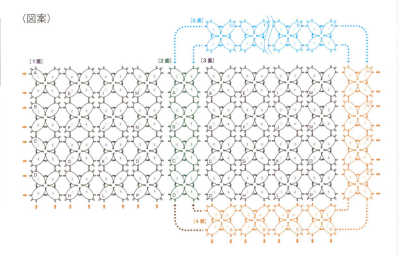

〈手順〉※1つのリングにつきピコットの数はすべて5個（P★、P★含む）。

[1面]

A
①R　3、P、5、P、3、P、3、P、5、P、3
②R　3、P★、5、P、3、P、3、P、5、P、3
③R　3、P★、5、P、3、P、3、P、5、P、3
④R　3、P★、5、P、3、P、3、P、5、P★（2回折る方法）、3
タティング結び(p.48)をし、糸始末(p.81)をします(B以降も同様)。

B（Aにつなぎながら作ります）
①R　3、P、5、P、3、P、3、P★、5、P、3
②R　3、P★、5、P★、3、P、3、P、5、P、3
③R　3、P★、5、P、3、P、3、P、5、P、3)
④R　3、P★、5、P、3、P、3、P、5、P★（2回折る方法）、3

C・D
Bと同様に、ひとつ前のモチーフにつなぎながら作ります。

E（Aにつなぎながら作ります）
①R　3、P、5、P、3、P、3、P★、5、P、3
②R　3、P★、5、P★、3、P、3、P、5、P、3
③R　3、P★、5、P、3、P、3、P、5、P、3
④R　3、P★、5、P、3、P、3、P、5、P★（2回折る方法）、3

F（BとEにつなぎながら作ります）
①R　3、P、5、P、3、P、3、P★、5、P、3
②R　3、P★、5、P★、3、P、3、P★、5、P、3
③R　3、P★、5、P★、3、P、3、P、5、P、3
④R　3、P★、5、P、3、P、3、P、5、P★（2回折る方法）、3

G・H
Fと同様に、それぞれCとF、DとGにつなぎながら作ります。

I～L、M～P
E～Hと同様に作ります。

[1面]

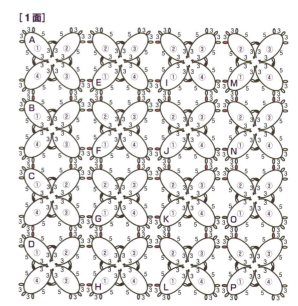

Tatting Lace Challenge!
レシピを見ながら大作にチャレンジしてみましょう

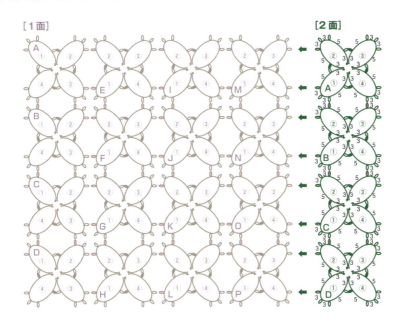

[**2面**] 1面につなぎながら作ります。

A（1面Mにつなぎながら作ります）
①R　3, P, 5, P, 3, P, 3, P★, 5, P, 3
②R　3, P★, 5, P★, 3, P, 3, P, 5, P, 3
③R　3, P★, 5, P, 3, P, 3, P, 5, P, 3
④R　3, P★, 5, P, 3, P, 3, P, 5, P★(2回折る方法)、3
タティング結び(p48)をし、糸始末(p.81)をします(B以降も同様)。

B（1面NとAにつなぎながら作ります）
①R　3, P, 5, P, 3, P, 3, P★, 5, P, 3
②R　3, P★, 5, P★, 3, P, 3, P★, 5, P, 3
③R　3, P★, 5, P★, 3, P, 3, P, 5, P, 3
④R　3, P★, 5, P, 3, P, 3, P, 5, P★(2回折る方法)、3

C・D
Bと同様に、それぞれ1面OとB、1面PとCにつなぎながら作ります。

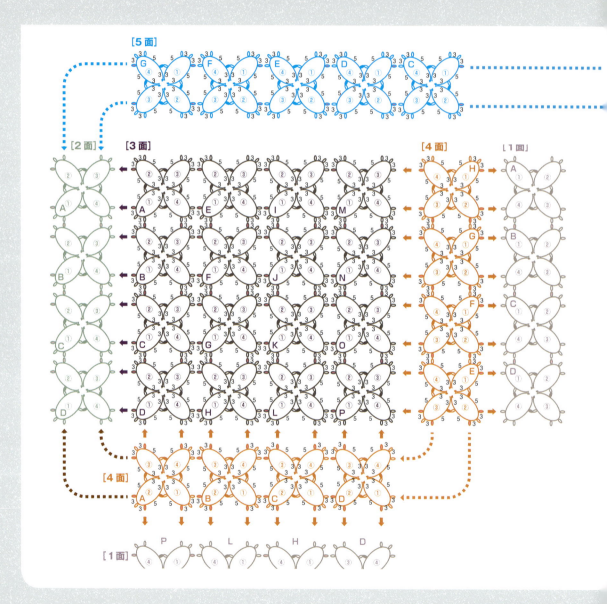

Tatting Lace Challenge!
レシピを見ながら大作にチャレンジしてみましょう

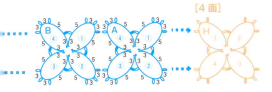

[3面] 2面につなぎながら作ります。

A（2面Aにつなぎながら作ります）
① R　3, P, 5, P, 3, P, 3, P★, 5, P, 3
② R　3, P★, 5, P★, 3, P, 3, P★, 5, P, 3
③ R　3, P★, 5, P, 3, P, 3, P, 5, P, 3
④ R　3, P★, 5, P, 3, P, 3, P, 5, P★(2回折る方法)、3
タティング結び(p48)をし、糸始末(p.81)をします(B以降も同様)。

B（2面BとAにつなぎながら作ります）
① R　3, P, 5, P, 3, P, 3, P★, 5, P, 3
② R　3, P★, 5, P★, 3, P, 3, P★, 5, P, 3
③ R　3, P★, 5, P, 3, P, 3, P, 5, P, 3
④ R　3, P★, 5, P, 3, P, 3, P, 5, P★(2回折る方法)、3

C・D
Bと同様に、それぞれ2面CとB、2面DとCにつなぎながら作ります。

E（Aにつなぎながら作ります）
① R　3, P, 5, P, 3, P, 3, P★, 5, P, 3
② R　3, P★, 5, P★, 3, P, 3, P, 5, P, 3
③ R　3, P★, 5, P, 3, P, 3, P, 5, P, 3
④ R　3, P★, 5, P, 3, P, 3, P, 5, P★(2回折る方法)、3

F（BとEにつなぎながら作ります）
① R　3, P, 5, P, 3, P, 3, P★, 5, P, 3
② R　3, P★, 5, P★, 3, P, 3, P★, 5, P, 3
③ R　3, P★, 5, P★, 3, P, 3, P, 5, P, 3
④ R　3, P★, 5, P, 3, P, 3, P, 5, P★(2回折る方法)、3

G・H
Fと同様に、それぞれCとF、DとGにつなぎながら作ります。

I〜L、M〜P
E〜Hと同様に作ります。

[4面] 1面と2面と3面につなぎながら作ります。

A（1面Pと2面Dと3面Dにつなぎながら作ります）
① R　3, P, 5, P, 3, P, 3, P★, 5, P, 3
② R　3, P★, 5, P★, 3, P, 3, P★, 5, P, 3
③ R　3, P★, 5, P★, 3, P, 3, P★, 5, P, 3
④ R　3, P★, 5, P★, 3, P, 3, P, 5, P★(2回折る方法)、3
タティング結び(p48)をし、糸始末(p.81)をします(B以降も同様)。

B（1面LとAと3面Hにつなぎながら作ります）
① R　3, P, 5, P, 3, P, 3, P★, 5, P, 3
② R　3, P★, 5, P★, 3, P, 3, P★, 5, P, 3
③ R　3, P★, 5, P★, 3, P, 3, P★, 5, P, 3
④ R　3, P★, 5, P★, 3, P, 3, P, 5, P★(2回折る方法)、3

C〜H
Bと同様に、それぞれ1面、ひとつ前のモチーフ、3面につなぎながら作ります。

[5面]

A（4面Hにつなぎながら作ります）
① R　3, P, 5, P, 3, P, 3, P★, 5, P, 3
② R　3, P★, 5, P★, 3, P, 3, P, 5, P, 3
③ R　3, P★, 5, P, 3, P, 3, P, 5, P, 3
④ R　3, P★, 5, P, 3, P, 3, P, 5, P★(2回折る方法)、3
タティング結び(p48)をし、糸始末(p.81)をします(B以降も同様)。

B〜F
Aと同様に、ひとつ前のモチーフとつなぎながら作ります。

G（Fと2面Aにつなぎながら作ります）
① R　3, P, 5, P, 3, P, 3, P★, 5, P, 3
② R　3, P★, 5, P★, 3, P, 3, P★, 5, P, 3
③ R　3, P★, 5, P★, 3, P, 3, P★, 5, P, 3
④ R　3, P★, 5, P★, 3, P, 3, P, 5, P★(2回折る方法)、3

レース糸(オリムパス エミーグランデ生成 804、
オリムパス エミーグランデ〈カラフル・段染め〉
オレンジ〜緑 C9、ピンク〜白 C2、紫〜ピンク C3、
青〜水色 C4)

花びら 5 枚のフラワーモチーフと蝶々のハート
作り方 ➡ P.97

Tatting Lace Challenge！
レシピを見ながら大作にチャレンジしてみましょう

花びら5枚のフラワーモチーフと蝶々のハートの作り方

材料 レース糸（オリムパス エミーグランデ生成804、
オリムパス エミーグランデ〈カラフル・段染め〉
オレンジ〜緑C9、ピンク〜白C2、
紫〜ピンクC3、、青〜水色C4）

用具 シャトル、はさみ、手芸用ボンド

出来上がり目安サイズ 縦約18.5㎝×横約22.5㎝

作り方
1. 糸端を約15cm残して作りはじめます。
2. レシピどおりに作ります。
※シャトルの糸が足りなくなったら、p.60を参照。
3. 作り終えたら、手芸用ボンドで糸始末をします（p.80）。
※糸始末はとじ針を使う方法でも可。

レシピ

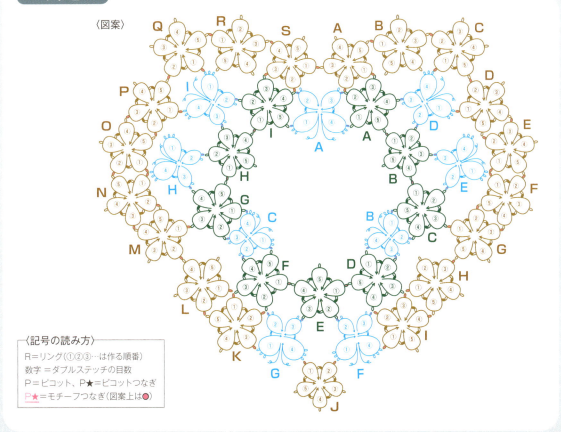

〈図案〉

〈記号の読み方〉
R＝リング（①②③…は作る順番）
数字＝ダブルステッチの目数
P＝ピコット、P★＝ピコットつなぎ
P★＝モチーフつなぎ（図案上は●）

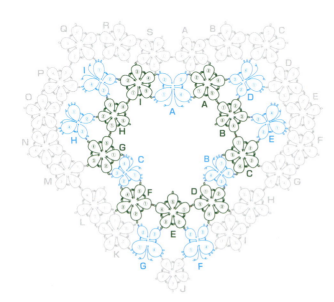

〈白いフラワーモチーフ〉

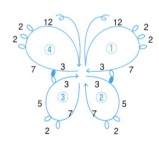

〈蝶々のモチーフ〉

〈手順〉※1つのリングにつきピコットの数はすべて3個（P★、P★含む）。

[内側の白いフラワーモチーフ]
（エミーグランデ804）

A
①R　5、P、5、P、5、P、5
②R　5、P★、5、P、5、P、5
③R　5、P★、5、P、5、P、5
④R　5、P★、5、P、5、P、5
⑤R　5、P★、5、P、5、P★（2回折る方法）、5

タティング結び（p.48）をし、糸を約1cm残してカット します（B以降も同様）。

B
①R　5、P、5、P★（Aの⑤RのP）、5、P、5
②R　5、P★、5、P、5、P、5
③R　5、P★、5、P、5、P、5
④R　5、P★、5、P、5、P、5
⑤R　5、P★、5、P、5、P★（2回折る方法）、5

C
①R　5、P、5、P★（Bの④RのP）、5、P、5
②R　5、P★、5、P、5、P、5
③R　5、P★、5、P、5、P、5
④R　5、P★、5、P、5、P、5
⑤R　5、P★、5、P、5、P★（2回折る方法）、5

D〜F、G〜H
A〜Cと同様に作ります。

Tatting Lace Challenge!
レシピを見ながら大作にチャレンジしてみましょう

[蝶々のモチーフ]
(A~Cはエミーグランデ＜カラーズ＞C4、D~Iは＜カラーズ＞C9)

A
①R　12、P、2、P、2、P★(白Iの⑤RのPに)、7、P、3(P4個 P★含む)
②R　3、P★、5、P★(白Iの④RのPに)、2、P、7(P3個 P★、P★含む)
③R　7、P、2、P★(白Aの②RのPに)、5、P、3(P3個 P★含む)
④R　3、P★、7、P★(白Aの①RのPに)、2、P、2、P、12(P4個 P★、P★含む)

タティング結びをし、触角を作ってから糸をカットします(p.48、B以降も同様)。

B
①R　12、P、2、P、2、P★(白Cの⑤RのPに)、7、P、3(P4個 P★含む)
②R　3、P★、5、P★(白Cの④RのPに)、2、P、7(P3個 P★、P★含む)
③R　7、P、2、P★(白Dの②RのPに)、5、P、3(P3個 P★含む)
④R　3、P★、7、P★(白Dの①RのPに)、2、P、2、P、12(P4個 P★、P★含む)

C
①R　12、P、2、P、2、P★(白Fの⑤RのPに)、7、P、3(P4個 P★含む)
②R　3、P★、5、P★(白Fの④RのPに)、2、P、7(P3個 P★、P★含む)
③R　7、P、2、P★(白Gの②RのPに)、5、P、3(P3個 P★含む)
④R　3、P★、7、P★(白Gの①RのPに)、2、P、2、P、12(P4個 P★、P★含む)

D
①R　12、P、2、P、2、P、7、P、3(P4個)
②R　3、P★、5、P★(白Bの②RのPに)、2、P、7(P3個 P★、P★含む)
③R　7、P、2、P★(白Aの④RのPに)、5、P、3(P3個 P★含む)
④R　3、P★、7、P、2、P、2、P、12(P4個 P★含む)

E
①R　12、P、2、P、2、P、7、P、3(P4個)
②R　3、P★、5、P★(白Cの②RのPに)、2、P、7(P3個 P★、P★含む)
③R　7、P、2、P★(白Bの③RのPに)、5、P、3(P3個 P★含む)
④R　3、P★、7、P、2、P、2、P、12(P4個 P★含む)

F
①R　12、P、2、P、2、P、7、P、3(P4個)
②R　3、P★、5、P★(白Eの②RのPに)、2、P、7(P3個 P★、P★含む)
③R　7、P、2、P★(白Dの④RのPに)、5、P、3(P3個 P★含む)
④R　3、P★、7、P、2、P、2、P、12(P4個 P★含む)

G
①R　12、P、2、P、2、P、7、P、3(P4個)
②R　3、P★、5、P★(白Fの②RのPに)、2、P、7(P3個 P★、P★含む)
③R　7、P、2、P★(白Eの③RのPに)、5、P、3(P3個 P★含む)
④R　3、P★、7、P、2、P、2、P、12(P4個 P★含む)

H
①R　12、P、2、P、2、P、7、P、3(P4個)
②R　3、P★、5、P★(白Hの②RのPに)、2、P、7(P3個 P★、P★含む)
③R　7、P、2、P★(白Gの④RのPに)、5、P、3(P3個 P★含む)
④R　3、P★、7、P、2、P、2、P、12(P4個 P★含む)

I
①R　12、P、2、P、2、P、7、P、3(P4個)
②R　3、P★、5、P★(白Iの②RのPに)、2、P、7(P3個 P★、P★含む)
③R　7、P、2、P★(白Hの③RのPに)、5、P、3(P3個 P★含む)
④R　3、P★、7、P、2、P、2、P、12(P4個 P★含む)

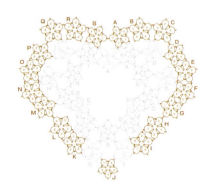
〈ピンクのフラワーモチーフ〉

[ピンクのフラワーモチーフ]

(A・F～N・Sはエミーグランデ＜カラーズ＞ C2、B～E・O～Rは＜カラーズ＞ C3)。

※1つのリングにつきピコットの数はすべて3個（P★、P★含む）。

A
①R　5、P、5、P★(白Aの③RのPに)、5、P、5
②R　5、P★、5、P★(白Aの②RのPに)、5、P、5
③R　5、P★、5、P、5、P、5
④R　5、P★、5、P、5、P、5
⑤R　5、P★、5、P、5、P★(2回折る方法)、5

タティング結び(p.48)をし、糸を約1cm残してカットします(B以降も同様)。

B
①R　5、P、5、P★(ピンクAの⑤RのPに)、5、P、5
②R　5、P★、5、P、5、P、5
③R　5、P★、5、P、5、P、5
④R　5、P★、5、P、5、P、5
⑤R　5、P★、5、P、5、P★(2回折る方法)、5

C
①R　5、P、5、P★(蝶々Dの④Rの最後のPに)、5、P、5
②R　5、P★、5、P★(ピンクBの③RのPに)、5、P、5
③R　5、P★、5、P、5、P、5
④R　5、P★、5、P、5、P、5
⑤R　5、P★、5、P、5、P★(2回折る方法)、5

D
①R　5、P、5、P★(蝶々Dの①Rの最初のPに)、5、P、5
②R　5、P★、5、P★(ピンクCの⑤RのPに)、5、P、5
③R　5、P★、5、P、5、P、5
④R　5、P★、5、P、5、P、5
⑤R　5、P★、5、P、5、P★(2回折る方法)、5

E
①R　5、P、5、P★(蝶々Eの①Rの最初のPに)、5、P、5
②R　5、P★、5、P★(ピンクDの⑤RのPに)、5、P、5
③R　5、P★、5、P★(ピンクDの④RのPに)、5、P、5
④R　5、P★、5、P、5、P、5
⑤R　5、P★、5、P、5、P★(2回折る方法)、5

F
①R　5、P、5、P★(蝶々Eの①Rの最初のPに)、5、P、5
②R　5、P★、5、P★(ピンクEの⑤RのPに)、5、P、5
③R　5、P★、5、P、5、P、5
④R　5、P★、5、P、5、P、5
⑤R　5、P★、5、P、5、P★(2回折る方法)、5

G
①R　5、P、5、P★(白Cの③RのPに)、5、P、5
②R　5、P★、5、P★(ピンクFの⑤RのPに)、5、P、5
③R　5、P★、5、P★(ピンクFの④RのPに)、5、P、5
④R　5、P★、5、P、5、P、5
⑤R　5、P★、5、P、5、P★(2回折る方法)、5

Tatting Lace Challenge!
レシピを見ながら大作にチャレンジしてみましょう

H
①R　5、P、5、P★(白Dの③RのPに)、5、P、5
②R　5、P★、5、P、5、P、5
③R　5、P★、5、P★(ピンクGの⑤RのPに)、5、P、5
④R　5、P★、5、P、5、P、5
⑤R　5、P★、5、P、5、P★(2回折る方法)、5

I
①R　5、P、5、P★(蝶々Fの④RのPの次のPに)、5、P、5
②R　5、P★、5、P★(白Dの④RのPに)、5、P、5
③R　5、P★、5、P★(白Dの③RのPに)、5、P、5
④R　5、P★、5、P★(ピンクHの⑤RのPに)、5、P、5
⑤R　5、P★、5、P、5、P★(2回折る方法)、5

J
①R　5、P、5、P★(蝶々Gの④Rの最後のPに)、5、P、5
②R　5、P★、5、P★(蝶々Fの①Rの最初のPに)、5、P、5
③R　5、P★、5、P、5、P、5
④R　5、P★、5、P、5、P、5
⑤R　5、P★、5、P、5、P★(2回折る方法)、5

K
①R　5、P、5、P★(白Fの③RのPに)、5、P、5
②R　5、P★、5、P★(白Fの②RのPに)、5、P、5
③R　5、P★、5、P★(蝶々Gの①Rの3つめのPに)、5、P、5
④R　5、P★、5、P、5、P、5
⑤R　5、P★、5、P、5、P★(2回折る方法)、5

L
①R　5、P、5、P★(白Fの③RのPに)、5、P、5
②R　5、P★、5、P★(ピンクKの⑤RのPに)、5、P、5
③R　5、P★、5、P、5、P、5
④R　5、P★、5、P、5、P、5
⑤R　5、P★、5、P、5、P★(2回折る方法)、5

M
①R　5、P、5、P★(白Gの③RのPに)、5、P、5
②R　5、P★、5、P★(ピンクLの④RのPに)、5、P、5
③R　5、P★、5、P、5、P、5
④R　5、P★、5、P、5、P、5
⑤R　5、P★、5、P、5、P★(2回折る方法)、5

N
①R　5、P、5、P★(蝶々Hの④Rの最後のPに)、5、P、5
②R　5、P★、5、P★(ピンクMの⑤RのPに)、5、P、5
③R　5、P★、5、P★(ピンクMの④RのPに)、5、P、5
④R　5、P★、5、P、5、P、5
⑤R　5、P★、5、P、5、P★(2回折る方法)、5

O
①R　5、P、5、P★(蝶々Hの④Rの最後のPに)、5、P、5
②R　5、P★、5、P★(ピンクNの⑤RのPに)、5、P、5
③R　5、P★、5、P、5、P、5
④R　5、P★、5、P、5、P、5
⑤R　5、P★、5、P、5、P★(2回折る方法)、5

P
①R　5、P、5、P★(蝶々Iの④Rの最後のPに)、5、P、5
②R　5、P★、5、P★(ピンクOの⑤RのPに)、5、P、5
③R　5、P★、5、P★(ピンクOの④RのPに)、5、P、5
④R　5、P★、5、P、5、P、5
⑤R　5、P★、5、P、5、P★(2回折る方法)、5

Q
①R　5、P、5、P★(蝶々Iの①Rの最初のPに)、5、P、5
②R　5、P★、5、P★(ピンクPの⑤RのPに)、5、P、5
③R　5、P★、5、P、5、P、5
④R　5、P★、5、P、5、P、5
⑤R　5、P★、5、P、5、P★(2回折る方法)、5

R
①R　5、P、5、P★(ピンクQの⑤RのPに)、5、P、5
②R　5、P★、5、P、5、P、5
③R　5、P★、5、P、5、P、5
④R　5、P★、5、P、5、P、5
⑤R　5、P★、5、P、5、P★(2回折る方法)、5

S
①R　5、P、5、P★(ピンクAの③RのPに)、5、P、5
②R　5、P★、5、P★(白Iの④RのPに)、5、P、5
③R　5、P★、5、P★(白Iの③RのPに)、5、P、5
④R　5、P★、5、P★(ピンクRの③RのPに)、5、P、5
⑤R　5、P★、5、P、5、P★(2回折る方法)、5

トラブル対処法

注意しているつもりでも、「しまった！」「間違えた！」という
事態に陥ることはよくあります。
泣く泣く糸を切るのはちょっと待って。修復する手立てがあるかもしれません。

> **リングを作っている途中で糸が足りなくなった！**

リングの完成間近でシャトルの糸が足りなくなってしまった時は、「はた結び」で対処します。

❶ あともう少し、というところで、糸が足りなくなりました。

❷ 別のシャトルのツノで、シャトルの中の糸の輪を引っかけます。

❸ そのまま引っ張り出します。

❹ 結び目を、別のシャトルのツノでほどきます。

❺ シャトルから糸が外れました。

※わかりやすくするため、新しい糸の色を変えています。

> **はた結びの仕方**

❻ 新たに、糸を巻いたシャトルを用意します。左手にリングを作っていた糸、右手に新しい糸端を持ちます。

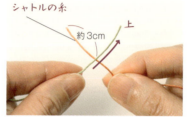

❼ はた結びをします。まず左手に持った糸を上にして交差させます。

❽ 交差部分を左手の親指と人さし指で押さえ、シャトルに向かって8cmくらい離れたところを右手で持ちます。

トラブル対処法

❾ 右手で持った糸を、左手の親指から左耳の後ろにぐるんと回し、両耳の間に通して一周させます。

❿ 左手の親指と人さし指でつまみます。

⓫ 右手でシャトルの糸を引き、糸の輪を小さくします。

⓬ 右耳を手前にたたんで、親指の輪にくぐらせます。

⓭ 右手の人さし指で糸の重なった部分を押さえ、左手の親指を抜きます。

⓮ 糸の並びが入れ替わりました。

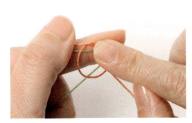

⓯ 左手の親指で2本の糸端をそろえて、押さえます。

⓰ 左手の残りの3本の指で縁の糸を握ります。

⓱ 左手の親指で両耳を押さえたまま、2本の糸が一直線になるように引き合います。

403

⑱ 結び目が小さくなっていきます。

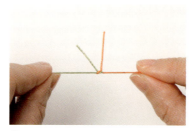
⑲ はた結びができました。

⑳ 基本のポジションに戻り、残りの目を作ります。結び目が左手の輪に入ったら、もうリングは作れません。

> **Point !**
>
> ## シャトルの糸が足りなくなった場合
>
> 新しいリングを作るタイミングで糸を替える（p.60）のがベスト！ ひとつリングを作り終えたら、毎回シャトルの残り糸をチェックするようにしましょう。
> リングを作っている途中で糸が足りなくなった場合は、上記の「はた結び」というほどけにくい結び方で新しい糸をつなぎ、そのままリングを完成させます。ただしこれは、残りがあと数目という場合にのみ有効です。それ以上目を作らなければならない場合は、残念ですが、そのリングを最初から作り直しましょう。

トラブル対処法

リングの大きさがそろいません！

リングを絞るごとに、前に作ったリングとサイズがそろっているか確認しましょう。特にフラワーモチーフのように、同じ大きさのリングが並ぶモチーフでは気をつけて。

※わかりやすくするため、リングの大きさを極端に変えています。
※わかりやすくするため、比べるリングの色を変えています。

大きかった場合

❶ 新しく作ったリングを、となりのリングに折りたたむように重ねて大きさを比べます。

❷ 新しく作ったリングが大きすぎました。

❸ 最後の目をしっかりと押さえ、リングをもう少し絞ります。

❹ 2つのリングの大きさが揃うまで、少しずつ絞ります。

小さかった場合

❶ 新しいリングが小さくなってしまいました。

❷ 両手でリングを持ちます。左手はしっかり押さえたまま、右手を右に引いて、シャトルの糸をリングの中に引き込みます。

❸ 2つのリングの大きさが揃うまで、少しずつ引き込みます。

> **作った目を ほどきたい！**

タティングの目は結び目なので、ひと目ひと目ほどいていくことになります。

❶ 目をほどくときも、目を作るときと同様に左手に糸の輪をかけた基本のポジションからはじめます。

裏目をほどく

❷ 裏目をほどきます。目の頭の部分に、手前からシャトルのツノを入れます。

❸ ツノで糸を引き上げます。

❹ そのままシャトルを引き上げた糸の輪にくぐらせます。

❺ くぐり抜けたら、左手の中指と薬指を起こして、テンションの糸を張ります。

❻ 裏目がほどけました。

表目をほどく

❼ 表目をほどきます。頭の目の向こう側からシャトルのツノを入れて、引き上げます。

❽ 糸を引き上げて、そのまま糸の輪にシャトルをくぐらせます。

トラブル対処法

❾ 表目がほどけました。❷〜❽を繰り返し、必要な目数だけほどきます。

> **Point !**
> ## ほどくときも左手を使いましょう
> 左手に輪をかけずに目をほどこうとすると、糸がからまります。目を作るときもほどくときも、左手を糸の輪に入れ、基本のポジション(p.18)からはじめましょう。

絞ったリングを広げたい！

目数を間違ったら、ピコットを広げましょう。リングを一度絞った後に広げるのは少々大変。リングを絞る前に、目数を確認するようにしましょう。

❶ リングの目数が間違っていました。

❷ 最後に作ったピコットの左側の目を、左手の指でしっかりと押さえます。

❸ ピコットの右側の目を、右方向に引きます。

シャトルの糸

❹ シャトルの糸がリングに引き込まれ、ピコットが少し広がりました。

❺ リングの最初の目を左手で押さえます。

107

❻ リングの最後の目を右手で押さえて、今度は左手を左方向に引きます。

❼ シャトルの糸が引き込まれてリングのとじ目が広がり、❹で開いたピコットがとじました。

❽ 再び最後のピコットの左側の目を押さえます。

❾ ピコットの右側の目を右方向に引いて、ピコットの足元を広げます。❷〜❼を何度か繰り返します。

❿ リングをこのくらいまで広げます。

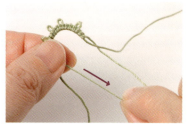

⓫ リングの最初の目を押さえ、矢印の方向に糸の輪を引いて広げます。

⓬ 左手に糸の輪をかけ、基本のポジションに戻します。

トラブル対処法

> **シャトルつなぎを
> ほどきたい！**

シャトルつなぎをほどくときは、向こう側から手前にシャトルのツノを入れて、糸の輪を引き上げるのがコツです。

❶ つなぎ目の向こう側からシャトルのツノを入れます。

❷ そのまま糸を引き上げます。

❸ いったんシャトルを糸から外し、改めて輪の手前から奥に向かってくぐらせます。

❹ シャトルが完全にくぐり抜けました。

❺ そのままシャトルを引っ張ると、シャトルつなぎがほどけます。

モチーフを
つなぎ忘れた！

モチーフつなぎがあるときには、まめにレシピを確認しながら進めるようにしましょう。もしモチーフをつなぎ忘れた場合も、後でつなぐことができます。まちがえた場所でつなげた場合は、そこまでほどいて作り直しましょう。

※わかりやすくするため、糸の色を変えています。
※実際には、モチーフと同じ色の糸でつなぎます。

❶ 1か所、モチーフつなぎを忘れました！とじ針に 30cm くらいの糸を通しておきます。

❷ モチーフを裏返し、つなぎ忘れた箇所を確認します。

❸ 左のモチーフ（先に作ったほう）のピコットを上にして重ねます。

❹ シャトルのツノを上のピコットにさし込み、下のピコットをすくい出します。

❺ 2枚のモチーフを中表に重ね合わせます。糸を通したとじ針を、すくい出したピコットに通します。

❻ 糸をひと結びします。

❼ 糸始末の要領で、とじ針を、右のモチーフの結び目の近い目と目の間に通します（p.81）。

❽ さらにとなりの目と目の間に、❼と反対方向から針を通します。

トラブル対処法

❾ 4〜5回針を通します。最後の1目は、モチーフの裏に針を出します。

❿ 片側の糸端が縫い込めました。

⓫ 反対側の糸端に針を付けます。

⓬ 先ほどと反対側に、同じように針を通していきます。

⓭ 手前から向こう、向こうから手前に、糸端を縫い込んでいきます。

⓮ 4〜5回針を通し、最後はモチーフの裏面に針を出します。

⓯ 糸端をきわでカットし、ほつれ止めをほんの少量たらします。

⓰ 表から見ても、きれいにつながっています。

正しくモチーフつなぎをした箇所と同じように、先に作ったモチーフのピコットが平行に渡っていれば成功です。❻で作った結び目を、新しいモチーフ側に寄せるようにして、手芸用ボンドで固めてもいいでしょう。

新版　いちばんよくわかる
タティングレースの基本 BOOK

2019年 8月28日 初版第1刷発行

著　者　杉本ちこ
発行者　滝口直樹
発行所　株式会社マイナビ出版
　　　　〒101-0003
　　　　東京都千代田区一ツ橋2-6-3 一ツ橋ビル2F
　　　　Tel. 0480-38-6872（注文専用ダイヤル）
　　　　Tel. 03-3556-2731（販売）
　　　　Tel. 03-3556-2735（編集）
　　　　E-mail : pc-books@mynavi.jp
　　　　URL : https://book.mynavi.jp

印刷・製本　株式会社大丸グラフィックス

STAFF

撮影
内山めぐみ（表紙、モデル、イメージ）
中辻 渉（プロセス）

モデル
kazumi（Gunn's）

ヘアメイク
堀江麻美

企画・執筆協力
礒﨑西施

デザイン・DTP
安部 孝（ユニット）

校正
菅野ひろみ

編集
猪股真紀（ユニット）
庄司美穂

Special Thanks
素材・用具協力
オリムパス製絲株式会社
Tel. 052-931-6652　http://www.olympus-thread.com/
クロバー株式会社
Tel. 06-6978-2277　https://www.clover.co.jp/

撮影協力
UTUWA
AWABEES

[PROFILE]
杉本ちこ

すぎもとちこ／タティングレースデザイナー。RichetCochet（リシェコシェ）主宰。ヴォーグ編み物指導者養成校ニットデザイン科を経て、桑沢デザイン研究所で服飾デザイン全般を学ぶ。かぎ針編み、棒針編み、タティングレース指導者として活動した後、2004年に渡米。現地でもタティングレースを教える。2011年帰国。RichetCochet を立ち上げ、東京・自由が丘でタティングレース教室をスタート。現在は神奈川・鷺沼サロンを拠点に活動中。その洗練されたデザインと、約30年に及ぶ指導経験を生かした、初心者でもわかりやすい教え方に定評がある。

◎ RichetCochet（リシェコシェ）タティングレース教室
鷺沼サロンをメインに、東京、神奈川で教室を開催。初心者から上級者まで、幅広く参加できる。開催日程などの詳細はRichetCochet ウェブサイトを参照。
ウェブサイト＊ https://richetcochet.jimdo.com/

[注意事項]
・本書は2015年7月刊行の『いちばんよくわかる　タティングレースの基本BOOK』の新版です。内容は同じものになりますので、あらかじめご了承ください。
・本書の一部または全部について、個人で使用するほかは、著作権法上、株式会社マイナビ出版および著作権者の承認を得ずに無断で複写、複製することは禁じられています。
・本書掲載の情報は2019年7月現在のものです。そのためお客様がご利用されるときは、教室の開催場所などの情報が異なる場合があります。
・本書について質問等ありましたら、株式会社マイナビ出版にメールでお問い合わせください。インターネット環境がない方は、往復ハガキまたは返信切手、返信用封筒を同封の上、株式会社マイナビ出版編集第2部書籍編集1課までお送りください。
・乱丁・落丁についてのお問い合わせは、TEL：0480-38-6872（注文専用ダイヤル）、電子メール：sas@mynavi.jp までお願いいたします。
・本書の会社名、商品名は、該当する各社の商標または登録商標です。

定価はカバーに記載しております。
©Chiko Sugimoto 2019
ISBN 978-4-8399-7058-1
Printed in Japan